苗族历史悠久，文化底蕴深厚，服饰丰富多彩，饮食民居纷繁，婚恋自由，尊老爱幼至上，节日体育并存，崇尚自然宗教，民间文学晓情喻理，造型艺术巧夺天工。苗族历经五千年，坚忍不拔，生生不息，开疆拓土，保家卫国，维护统一，与其他民族共同创造了中国光荣的历史和灿烂的文化。

走近中国少数民族丛书
主编/丹珠昂奔

苗 族
Miaozu

石莉芸 李云兵 著

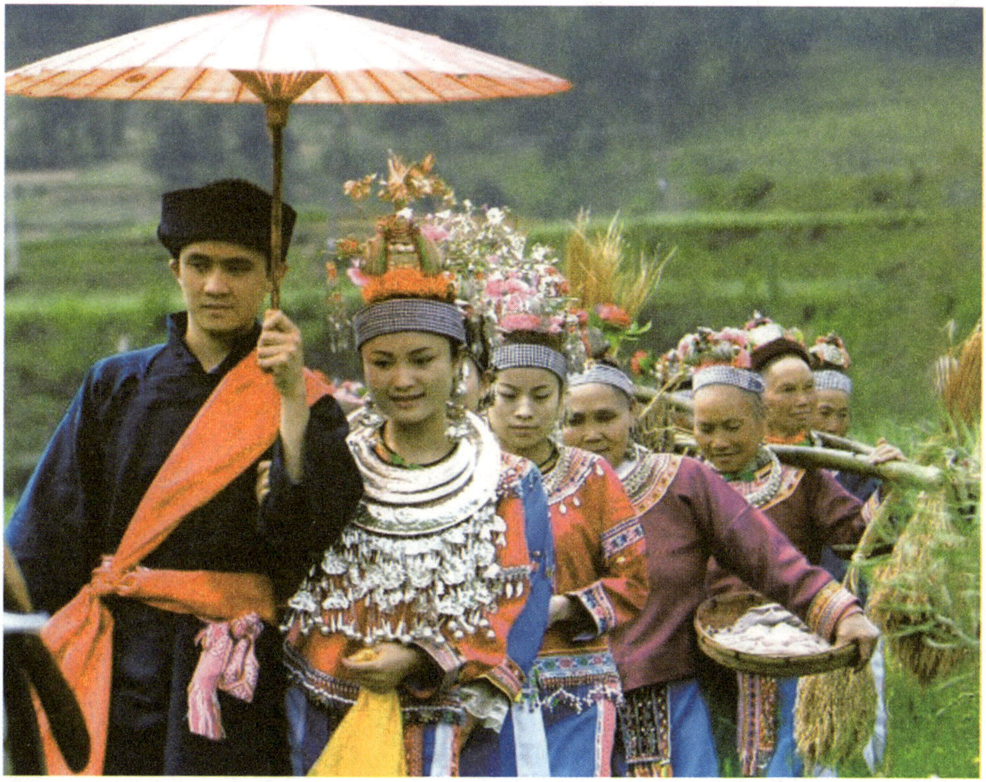

辽宁民族出版社

© 石莉芸 李云兵 2014

图书在版编目（CIP）数据

苗族/石莉芸，李云兵著. —沈阳：辽宁民族出版社，2014.12（2020.5重印）

（走近中国少数民族丛书/丹珠昂奔主编）

ISBN 978-7-5497-0948-9

Ⅰ.①苗… Ⅱ.①石…②李… Ⅲ.①苗族—民族历史—中国②苗族—民族文化—中国 Ⅳ.①K281.6-49

中国版本图书馆CIP数据核字（2014）第310615号

走近中国少数民族丛书·苗族
ZOUJIN ZHONGGUO SHAOSHU MINZU CONGSHU·MIAOZU

丛书策划/李凤山

出版发行者：辽宁民族出版社
地　　　址：沈阳市和平区十一纬路25号　邮编：110003
印　刷　者：河北锐文印刷有限公司
幅面尺寸：170mm×240mm
印　　　张：14
字　　　数：200千字
出版时间：2014年12月第1版
印刷时间：2020年5月第2次印刷
责任编辑：李凤山　吴昕阳　李 璜
封面设计：杜 江
责任印制：杨 雪
责任校对：边京爱
标准书号：ISBN 978-7-5497-0948-9
定　　　价：38.00元

网　　　址：www.lnmzcbs.com　　邮购热线：024-23284335
淘宝网店：http://lnmz2013.taobao.com
如有印装质量问题，请与出版社联系调换　联系电话：024-23284340

《走近中国少数民族丛书》编辑委员会

主　编／**丹珠昂奔**（藏族）

副主编／**武翠英　张学进　李凤山**（蒙古族）

编　委／(按姓氏音序排列)

　　　　巴哈提（哈萨克族）　　白庚胜（纳西族）　　白兰英（蒙古族）

　　　　陈　丹（彝族）　　　　杜　江　　　　　　黄如猛（壮族）

　　　　金顺玉（朝鲜族）　　　李　璸　　　　　　李　欣（朝鲜族）

　　　　李有明（回族）　　　　吕　怡　　　　　　莫福山（藏族）

　　　　权春哲（朝鲜族）　　　萨仁图娅（蒙古族）　佟　强（蒙古族）

　　　　吴昕阳（满族）　　　　徐　凯　　　　　　殷德俭

　　　　张学林（朝鲜族）　　　钟廷雄（壮族）　　　朱　虹（蒙古族）

《走近中国少数民族丛书》作者名录

《蒙古族》 萨仁图娅（蒙古族）

《回族》 许宪隆（回族） 张龙（汉族）

《藏族》 丹珠昂奔（藏族）

《维吾尔族》 艾克拜尔·吾拉木（维吾尔族）
　　　　　　买力克·买买提（维吾尔族）
　　　　　　伊利迪尔（维吾尔族）

《苗族》 石莉芸（苗族） 李云兵（苗族）

《彝族》 陈国光（彝族）

《壮族》 黄佩华（壮族）

《布依族》 周国炎（布依族）

《朝鲜族》 黄有福（朝鲜族）

《满族》 于今（满族）

《侗族》 杨筑慧（侗族）

《瑶族》 玉时阶（壮族）

《白族》 董建中（白族）

《土家族》 罗中（土家族） 罗午（土家族）

《哈尼族》 朱志民（哈尼族） 李泽然（哈尼族）

《哈萨克族》 艾克拜尔·米吉提（哈萨克族）
　　　　　　伊拉达·拉音别克（哈萨克族）

《傣族》 赵瑛（傣族）

《黎族》 罗文雄（黎族）

《傈僳族》 鲁建彪（傈僳族） 欧光明（傈僳族）

《佤族》 郭锐（佤族）

《畲族》 钟亮（畲族）

《台湾少数民族》 林华（台湾少数民族）

《拉祜族》 苏翠薇（拉祜族）

《水族》 韦学纯（水族）

《东乡族》 马兆熙（东乡族） 马自祥（东乡族）

《纳西族》 白庚胜（纳西族） 孙淑玲（汉族）
　　　　　　白羲（纳西族）

《景颇族》 金黎燕（景颇族）

《柯尔克孜族》 阿地里·居玛吐尔地（柯尔克孜族）

《土族》 祁进玉（土族） 东永学（土族）

《达斡尔族》 毅松（达斡尔族）

《仫佬族》 黎学锐（仫佬族） 黎炼（仫佬族）

《羌族》 雍继荣（羌族） 罗吉华（羌族）
　　　　周发成（羌族）

《布朗族》 陶玉明（布朗族）

《撒拉族》 马成俊（撒拉族） 马建新（撒拉族）

《毛南族》 韩德明（汉族）

《仡佬族》 周小艺（仡佬族）

《锡伯族》 阿苏（锡伯族） 盛丰田（锡伯族）
　　　　　何荣伟（锡伯族）

《阿昌族》 们发延（阿昌族） 张斯齐（蒙古族）

《普米族》 朱凌飞（汉族） 杨周明（普米族）

《塔吉克族》 西仁·库尔班（塔吉克族）
　　　　　　阿力木江·西仁（塔吉克族）

《怒族》 李月英（傈僳族） 张芮婕（傈僳族）

《乌孜别克族》 古丽巴努木·克拜吐里（维吾尔族）

《俄罗斯族》 乃珂热曼·依布拉音（塔吉克族）

《鄂温克族》 黄任远（汉族） 那晓波（鄂温克族）

《德昂族》 袁丽华（汉族） 王燕（汉族）

《保安族》 马少青（保安族）

《裕固族》 董潇红（裕固族） 王政德（藏族）

《京族》 吕俊彪（汉族）

《塔塔尔族》 卡米力·库尔马尤夫（塔塔尔族）

《独龙族》 李金明（独龙族）

《鄂伦春族》 王为华（汉族）

《赫哲族》 黄任远（汉族）

《门巴族》 陈立明（汉族） 张媛（汉族）

《珞巴族》 陈立明（汉族） 李锦萍（汉族）

《基诺族》 朱映占（汉族）

总序

中国是一个统一的多民族国家。几千年来，有着悠久历史和灿烂文化的少数民族，与汉族一道，在中华大地上繁衍生息，共同开发着这块土地，建设、发展、捍卫着这个古老而伟大的国家。各民族都是兄弟，相互离不开，都是这个国家的主人。习近平总书记在第二次中央新疆工作座谈会上发表重要讲话，指出："要坚定不移坚持党的民族政策、坚持民族区域自治制度。民族团结是各族人民的生命线。要高举各民族大团结的旗帜，在各民族中牢固树立国家意识、公民意识、中华民族共同体意识，最大限度团结依靠各族群众，使每个民族、每个公民都为实现中华民族伟大复兴的中国梦贡献力量，共享祖国繁荣发展的成果。各民族要相互了解、相互尊重、相互包容、相互欣赏、相互学习、相互帮助，像石榴籽那样紧紧抱在一起。""要在各族群众中牢固树立正确的祖国观、民族观，弘扬社会主义核心价值体系和社会主义核心价值观，增强各族群众对伟大祖国的认同、对中华民族的认同、对中华文化的认同、对中国特色社会主义道路的认同。"因此，坚持平等、团结、互助、和谐的社会主义民族关系，不断增进了解，深化友谊，建立牢不可破的感情基础，是中国社会转型期、改革攻坚期、矛盾多发期保持社会稳定、发展的基本要求，也是实现中华民族伟大复兴的中国梦的基本要求。

为了进一步宣传我国少数民族的历史文化和民族风情，增强对少数民族的认识，宣传党的民族政策和方针，加深对党的民族政策的理解，加强各民族之间的了解与沟通，让读者了解少数民族，中华人民共和国国家民族事务委员会文化宣传司和辽宁民族出版社共同组织了《走近中国少数民族丛书》。

《走近中国少数民族丛书》的编写有以下三个特点：第一，采用图文并茂的形式、鲜活生动的语言、特色浓郁的图片与丰富的民族常识链接，向读者展示我国55个少数民族的历史渊源、民族变迁、社会生活、文化艺术、风俗习惯、历史人物和民族区域自治政策的伟大实践。第二，作者多为本民族的专家学者和与民族研究工作相关的专家学者，对自己撰述的对象既有深厚的知识积累，也有真挚的情感。第三，内容彰显了历史与现实、民族文化与地域文化、民族区域自治地方与散杂居地区少数民族生产生活的多彩画卷和轨迹，引导读者走近少数民族，聆听他们的古老传说，感受他们的发展变化，加深彼此的沟通和了解。这套《走近中国少数民族丛书》是面向民族干部和各级干部通览我国少数民族概况的普及读本，也是图书馆的必备藏书。

《走近中国少数民族丛书》所揭示的每一个民族的历史，都承载着这个民族的文化，也承载着这个民族的发展和未来。中华大地孕育的55个少数民族多彩斑斓的民族文化，同汉族文化一道从远古走到今天，汇入了中华文化壮阔的历史长河。"共同团结奋斗，共同繁荣发展"，保护、传承和弘扬少数民族优秀文化，不仅是推动我国民族团结进步事业的重要内容，也是构建和谐社会、实现中华民族伟大复兴的中国梦的重要使命。期待通过《走近中国少数民族丛书》，使广大读者徜徉于少数民族多彩风情的同时，更加深刻地了解和认知中华民族多元一体的文化内涵，感受中华民族悠久历史的深远与厚重。

丹珠昂奔

2014年6月26日

前言

苗族 生生不息的古老民族

苗族历史悠久，汉文文献《尚书》《山海经》等就已记载了苗族先民的活动，春秋战国以降，《十三经》、"二十五史"及地理、诸子、别杂史等对苗族的活动都有或多或少的记载，其中，对九黎蚩尤、三苗、南蛮、荆蛮、武陵蛮、苗蛮、苗民、苗人的记载较多。秦汉、唐宋、明清是苗族最为活跃的时期，汉文文献正史、地理、别杂史等多记载有苗族的政治、军事、习俗。

史前时期及夏、商、周、春秋、战国时期，苗族的活动见于春秋战国的汉文文献及后人的注疏，正史则仅限于两汉文献。禹征三苗后，苗族退居荆楚大地，文献记载为"南蛮""荆蛮"。春秋战国时期，"荆蛮"成为楚国的夷民，楚国灭亡后，苗族继续向西、向南迁徙进入武陵地区，进而进入五溪地区。秦汉对中国的统一，苗族被称为"武陵蛮""五溪蛮"，并延至南北朝。南北朝前，汉文文献对苗族的记载多见于先秦、两汉、魏晋、南北朝的经书及其注疏、正史、地理、别杂史及诸子。

隋、唐、五代及宋，苗族被称为"蛮"，但有冠以地名的"蛮"，如辰州蛮、叙州蛮、溪州蛮、奖州蛮、酉溪蛮、飞山蛮、黔阳蛮等，统称"溪洞诸蛮"。夏、商、周用来指称苗族的"南蛮"，唐、宋主要指称南诏国、大理国的民族，苗族仍被称为"蛮"。至宋朝，"苗"已从"蛮"分化出来，成为单一民族。至元、明及清"改土归流"前，苗族见诸文献被称为"苗""苗人""苗蛮"。自隋、唐、五代、宋至元、明及清"改土归流"前，汉文文献对苗族的记载多见于正史，一些别杂史和诸子也有记载，但记载较为零散；清"改土归流"后，除正史记载较多外，地方志文献的记载较为详尽。

清"改土归流"至鸦片战争时期，苗族地区先后爆发了乾嘉、咸同两次大规模的苗民起义，清朝在镇压和善后事宜中，涉及上百个清政府要员，汉文文献对苗族的记载除《清史稿》外，主要是地理类的地方志，有上百种之多。

民国时期，苗族地区的诸多地方志记载了苗族的历史、文化、习俗，但不系统。同时，苗族引起历史学者、民族学者、语言学者的广泛关注，历史学者如王桐龄、吕思勉、吕振羽等，民族学者如凌纯声、芮逸夫、刘锡藩、石启贵等，语言学者如李方桂、张琨等。学者们对苗族历史的研究没有形成专著，只在相关著述中概述苗族的历史，对苗族社会文化的调查研究成果如《苗荒小记》《湘西苗族调查报告》《贵州苗夷社会研究》《湘西苗族实地调查报告》以及日本学者鸟居龙藏的《苗族调查报告》、张琨的《苗瑶语声调问题》。

中华人民共和国成立以后，苗族获得政治上的全面解放。为落实民族平等政策和实行民族区域自治政策，中央政府组织了大规模的民族访问团、少数民族语言调查队、少数民族社会历史调查队，展开民族识别、民族语言调查、民族社会历史调查，为苗族创制了文字，苗族的政治、经济、文化、教育、医疗卫生、交通等事业从无到有蓬勃发展。各研究机构、高等院校的学者对苗族进行调查研究的内容涉及苗族的政治、历史、语言、文学、艺术、建筑、教育、医药、地方志、民族志等领域，成果如雨后春笋，如国家民委组织编写的《民族问题五种丛书》。学者的著述成果丰硕，历史研究有伍新福、龙伯亚的《苗族史》，伍新福的《苗族通史》，吴荣臻主编的《苗族通史》。民间文学的收集整理集成至少有80种，而其研究有田兵的《苗族文学史》、苏晓星的《苗族文学史》等。服饰的研究，有民族文化宫的《中国苗族服饰》、杨正文的《苗族服饰文化》等。民间工艺美术及建筑艺术的研究，有马正荣的《贵州苗族蜡染图案》、邵宇的《贵州苗族刺绣》、田茂军的《锉刀下的风景：湘西苗族剪纸的文化探寻》、麻勇斌的《贵州苗族建筑文化活体解析》等。苗族民间音乐舞蹈及体育的研究，有吴荣臻整理的《苗族武功》、杨鹍国的《苗族舞蹈与巫文化：苗族舞蹈的文化社会学考察》等。民间医药的研究，有陆科闵、王福荣的《苗族医学》，田兴秀的《中国苗族医学》等。经济社会的研究，有吴承德、贾晔的《南方山居少数民族现代化探索：融水苗族发展研究》，郎维伟的《四川苗族社会与文化》，游建西的《近代贵州苗族社会的文化变迁（1895—1945）》等。文化及教育的研究，有石朝江的《中国苗学》，何积全的《苗族文化研究》，罗廷华、余岛的《贵州苗族教育研究》，伍新福的《苗族文化史》等。宗教的研究，有张坦的《"窄门"前的石门槛：基督教文化与川黔滇边苗族社会》、罗义群的《中国苗族巫术透视》等。民族志的研究，有龙子建编著的《湖北苗族》、海南省民族宗教事务厅编的《海南苗族》，文山壮族苗族自治州苗学发展研究会编的《文山苗族》，《四川苗族志》编写组编的《四川苗族志》等等。

以往文献对苗族的记载和对苗族的研究，除对苗族历史、语言的研究外，极大多数文献或成果属微观或地区性、区域性的记录和研究，尚缺少通盘性的研究成果。微观的、地区性的、区域性的研究是必需的，通盘性的研究也是必要的。

我们写《走近中国少数民族丛书·苗族》，就是基于前人研究的成果，但体例既有别于前人的成果，又有所创新，基本内容包括：概况、生活习俗、宗教、文学艺术、历史人物。概况的内容有族源与族称、迁徙与斗争、经济社会、人口与分布、语言文字、民族区域自治；生活习俗的内容有服饰、饮食、建筑、婚姻、丧葬、节日、传统体育；宗教的内容有宗教信仰、宗教活动；文学艺术的内容有民间文学、作家文学、民间音乐舞蹈、民间造型艺术、民间医药、非物质文化遗产；历史人物的内容只包含古代人物、近现代人物。我们写这本书的目的是宣传苗族，为此，我们尽可能做到既具有学术价值，又具有普及性和可阅读性。

目录

总序	001
前言	003
第一章　苗族：源远流长，生生不息	009
族源与族称	010
迁徙与斗争	016
经济社会	023
人口与分布	031
语言文字	033
民族区域自治	035
第二章　苗族的物质生活：衣食住行，异彩纷呈	039
服饰：五溪衣裳共云天	040
饮食：食五谷，品六味	056
建筑：诛茅构宇，伐木筑楼	068
第三章　苗族的社会生活：婚丧嫁娶，人生礼仪	081
婚姻家庭：踏歌坐月定终身，尊老爱幼偕白头	082
丧葬：告慰亡灵，安抚生者	102
第四章　苗族的精神生活：劳逸结合，寓乐于动	111
节日：大节三六九，小节天天有	112
传统体育：节日里的运动	128

第五章　苗族的宗教与祭祀：万物有灵，祖先为尊　137
宗教信仰：鬼神与上帝同在 …… 138
祭祀活动：祈福与追思 …… 146

第六章　苗族的文学艺术：承载历史，传承文明　157
民间文学：千古绝唱，喻情晓理 …… 158
作家文学：古典与现代，乡土与城市 …… 168
民间音乐舞蹈：笙鼓声清远，飞歌调悠长 …… 170
民间造型艺术：缕云裁月，巧夺天工 …… 176
民间医药：三千苗药，八百单方 …… 183
非物质文化遗产：社会大潮冲击与民族文化保护 …… 188

第七章　苗族的历史人物：江山代有才人出　195
古代人物：为名分而呼，为生存而战 …… 196
近现代人物：民族兴衰，国家兴亡，匹夫有责 …… 198

参考文献 …… 212
图片提供者 …… 213
后记 …… 215

第一章
苗族：
源远流长，
生生不息

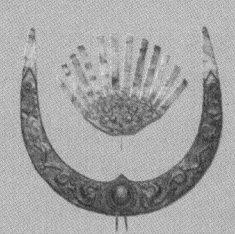

　　苗族历史源远流长，生生不息，上下五千年来，她孕育了浑厚而灿烂的民族文化。随着社会的发展、历史进程的推进，苗族以贵州、湖南、湖北、四川、云南、广西、重庆、海南为主要居住地，并遍布全国，为不同行业的建设贡献力量。

族源与族称

族源

苗族的族源,史学界有不同的观点,主要有北来、东来、土著、南来等4种。

北来 研究苗族历史的多数学者认为,苗族来源于五千年前以蚩尤为首领的部族或部族联盟,即九黎部落联盟。这种观点,主要的依据是汉文献的一些记载和现代中国一些学者的论著。《尚书·吕刑》:王曰,若古有训:蚩尤惟始作乱,延及于平民,罔不寇贼鸱义奸宄,夺攘矫虔。苗民弗用灵,制以刑,惟作五虐之刑曰法。马融注:蚩尤,少昊之末,九黎之君。孔安国注:九黎之君,号蚩尤。高诱注:蚩尤,九黎之君。

《苗族简史》《苗族史》等苗族专门史,也都认为九黎、三苗、荆蛮、武陵蛮、南蛮、苗蛮、苗之间有着一脉相承的渊源关系,而且都包括苗族的先民,苗族的始祖为九黎之君蚩尤。苗族民间也普遍认为,苗族的始祖是蚩尤,正如汉族人民认为他们的始祖为黄帝、炎帝。

东来 有一些学者认为尽管苗族的祖先可以认为是以蚩尤为首领的九黎部落集团,但是这一集团是东夷的一部分,所以,苗族起源于东夷部落集团联盟,其所依据的也是汉文献的记载。九黎部落集团在后来的发展中,形成黄帝、炎帝之九黎,唐虞之三苗,商周之荆蛮,春秋战国之南蛮、秦汉之武陵蛮或五溪蛮,魏晋南北朝之南蛮及至隋唐时期之苗蛮,苗族先民由此作为独立的族群登上中国历史的舞台。这种观点与"北来说"的区别在于,北来说认为以蚩尤为首领的九黎部

伍新福、龙伯亚《苗族史》书影

苗族神话故事传说中制造人烟的伏羲兄妹

落集团，与东夷部落集团是同一时期的不同的部落集团或部落集团联盟。

南来 有一些学者认为苗族族群的先民，在距今3万年前后从中南半岛逐渐北移，大约在1万年前，进入到黄河中下游，在距今5000年前后成为唐虞以前之九黎，唐虞之三苗，商周之荆蛮，春秋战国之南蛮、秦汉之武陵蛮或五溪蛮，魏晋南北朝之南蛮，隋唐时期的苗蛮，唐宋以后苗族族群的先民分两路向西、向南发展，成为当今之苗族。这种观点，近年来得到分子人类学研究的支持。

西江千户苗寨蚩尤图

一些从事分子人类学研究的学者认为，世界人类皆起源于非洲，大约在15万—10万年前非洲智人向外发展，形成现在的人种。苗族族群的先祖，包括苗瑶族群的先祖，在到达东南亚后，大约在3万年前后开始北上，逐步进入到黄河中下游，在长期的历史进程中形成以蚩尤为首领的九黎部落，与黄河上游的黄帝部落、南方的炎帝部落长期冲突并发生战争，以蚩尤为首领的九黎部落战败后南退进入长江中下游地区建立三苗国，在遭到尧舜禹的不断征伐后，退出长江中下游形成商周之荆蛮，春秋战国之南蛮、秦汉之武陵蛮或五溪蛮，魏晋南北朝之南蛮，隋唐之苗蛮。

土著 有一些学者认为自古以来苗族族群，包括苗瑶族群是土著居民。这其中有源于"三苗"和源于"武陵蛮或五溪蛮"两种说法。

持苗族源于唐虞之三苗的观点的学者认为，无法推导苗族的先祖三苗与以蚩尤为首领的九黎部落集团的关系，汉文献记载不详，以《十三经》而言，《尚书》记载较多，以"二十五史"而言，《史记》记载较多，而《史记》多以《十三经》为据，其中关于苗族先祖与三苗、九黎的渊源关系，多为后人注疏，带有主观性。故"三苗"为土著，苗族族群及苗瑶族群源于土著之三苗。土著三苗居住区域为"左洞庭，右彭蠡"的长江中下游。

持苗族源于"武陵蛮或五溪蛮"的学者认为秦汉时期的武陵蛮或五溪蛮，是汉文献所见苗族先民的最确切的源头，而苗族起源于九黎或三苗都只是推测。武陵蛮或五溪蛮为秦之黔中郡、汉之武陵郡土著，故苗族为土著，非北来，非东来，亦非南来。因黔中郡、武陵郡地辖今贵州大部，亦有言苗族源于"贵州土著"者。

> **知识链接** **苗族族源的分子人类学研究** 由于苗瑶语族语言的系属问题自20世纪初以来一直存在不同的观点，所以，从事分子人类学研究的一些学者尝试从Y染色体DNA来寻求苗瑶族群与其他族群的关系，以验证语言学研究中的一些分歧。通过研究发现，苗瑶族群中的苗族、瑶族、畲族的父系Y染色体DNA与孟高棉族群在遗传结构上的相似度非常高，在Y染色体单倍群的分布上，都享有高频的O2a-M95、O3a3b-M7和O3a3c1-M117，而单倍群O3a3b-M7在与苗瑶族群、孟高棉族群相邻的藏缅、侗台族群中的频率非常低，甚至在其他东亚/东南亚人群中几乎不存在。O3a3b-M7的STR网络结构展现出一种明显的分层结构，并且几乎没有从苗瑶族群向孟高棉族群的基因流，而只有从孟高棉族群到苗瑶族群的基因流，表明苗瑶族群中的O3a3b-M7可能来源于孟高棉族群中的O3a3b-M7，随后又通过苗瑶族群的基因流入到汉藏族群。

民族起源的研究通常依据历史文献，苗族关于土著的起源，也是依据历史文献。考古学的发现也能为民族起源提供直接的证据。如果认为苗族起源于土著三苗，三苗历经尧、舜、禹，从唐尧算起距今约4300年，如果认为苗族源于秦汉时期的武陵蛮或五溪蛮，从战国时期楚国于公元前361年置黔中郡算起距今2400多年。但是，分子人类学的研究表明，通过对苗瑶族群和周边有关群体Y染色体DNA的研究发现，单倍群O3a3b-M7在苗瑶族群里的分布比较广泛，而在其他人群中比较罕见。而根据线粒体单倍群相关突变估计出来的时间大致为4600—5000年前，相当于炎黄

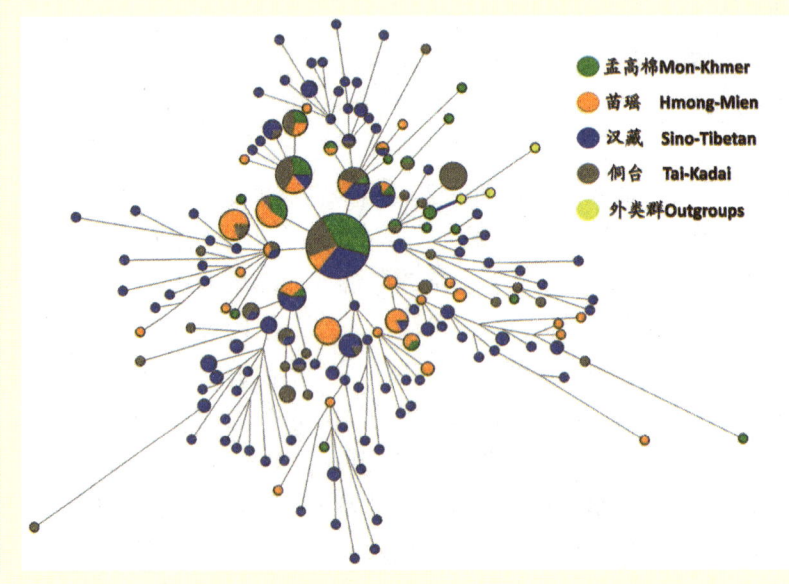

蔡晓云博士绘制：Y染色体单倍群O3a3c1-M117的网络结构图

时代晚期，也大体相当于长江中游的4600—5000年前的屈家岭文化，说明至少在5000年前，单倍群O3a3b-M7在古代苗瑶族群中已经高频存在。而在长江中游的考古学遗址中采集的5000年前的人类样品中，发现有O3a3b单倍群的分布，如果认为苗瑶先祖族群主要聚居于长江中游一带的话，应该是4600—5000年前炎黄时代晚期，而不是约4100—4300年的尧、舜、禹时代，更不可能是2400多年前的秦汉时期。

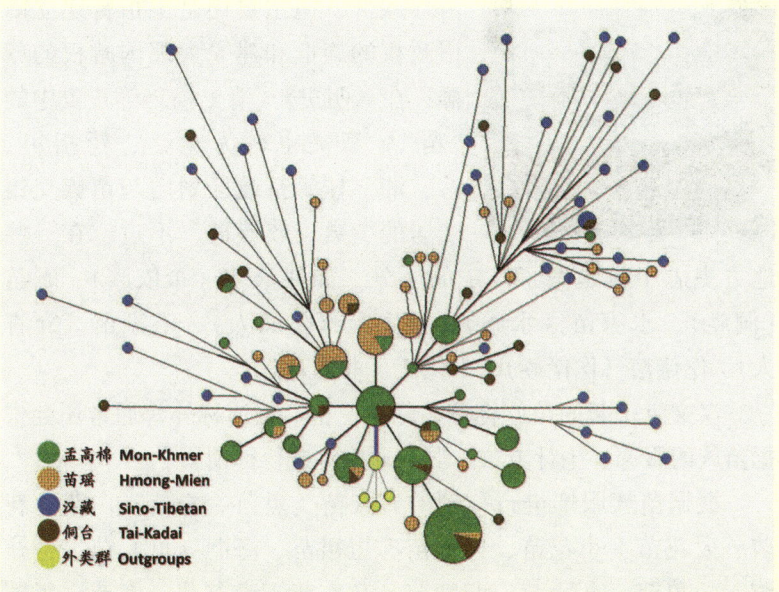

蔡晓云博士绘制：基于七个STRs的单倍群O3a3b-M7网络结构图

综上所述，汉文献记录的九黎、三苗、荆蛮、南蛮，在中国历史的不同时代都有注疏，尽管不一定能把九黎、三苗、荆蛮、南蛮的渊源关系串起来，但能为近代以来的学者研究苗族及至苗瑶族群的历史提供了史料。虽然，关于苗族及至苗瑶族群起源的问题存在不同的观点，但是，只要不是牵强附会的观点，都值得进一步研究，随着研究手段、研究方法的不断进步和多学科、跨学科的综合研究，学者们严谨而科学的研究成果和结论，应该能逐步揭示苗族及至苗瑶族群起源的真实历史。

族称

苗族的族称，分为他称和自称。

他称 苗族的他称主要是汉称。这里所说的汉称，是指汉文

滇北大花苗新式服饰

献记载的称呼。如果承认苗族起源于九黎、三苗、荆蛮、南蛮，那么，苗族在古代史的汉文献里的称谓有：三苗、苗民、有苗、荆蛮、南蛮、五溪蛮、武陵蛮、苗蛮、苗等，其中，在《旧唐书》《新唐书》《宋史》等正史中的"南蛮"意义较为宽泛，虽然包括苗瑶族群，但主要还是偏指曾建立南诏政权的族群和建立大理国政权的族群；在《明史》《清史稿》等正史中的"苗"，意义也较为宽泛，泛指川、黔、湘、桂等行政区划内与苗族交错杂居的少数民族族群。不过，在一些地方史志中也是做了一定的区分，如仲家苗（布依族）、峒苗（侗族）、水家苗（水族）、蔡家苗（蔡家人）、宋家苗（穿青人）、仡佬苗（仡佬族）、木佬苗（木佬人）。

汉文献记载的苗族称谓，除用"苗"做通称外，通常还会根据苗族的服饰、生计方式、居住环境等进行称谓。

根据苗族服饰进行称谓的有红苗、黑苗、青苗、白苗、花苗、大花苗、小花苗、长裙苗、短裙苗、海葩（贝）苗、歪梳苗、长角苗、九股苗、背牌苗、花衣苗、青衣苗、素苗、锅圈苗、红毡苗、印苗等。

根据苗族生计方式进行称呼的有打铁苗（曾以打铁为生的苗族）、银碗苗（曾以制作银器为生的苗族）、栽姜苗（曾以种植生姜为生的苗族）、韭菜苗（曾以种植韭菜为生的苗族）、鸦雀苗（曾以捕猎为生的苗族）等。

根据苗族居住环境进行称呼的有东家苗（居住于清水江东岸的苗族）、西家苗（居住于清水江西岸的苗族）、水西苗、高坡苗、高山苗、坝苗、箐苗、八寨苗等。

此外，还有根据苗族生活习性进行称呼的，如酸汤苗、喇叭苗、汉苗、草苗等。

苗族的这些他称，仍有一些在使用，主要功能是区分苗族的支系。

> **知识链接** **中央民族访问团** 1950年春，根据毛泽东主席的建议，中央决定向全国各民族地区派遣访问团。1950年6月，中央人民政府政务院派出西北、中南、西南、东北共四路中央民族访问团到各少数民族地区访问。其中，由刘格平任团长的中央西南各民族访问团于1950年7月2日至1951年3月5日，走访了云南、四川、贵州等民族地区，访问了苗族等少数民族；由李德全任团长的中央中南各民族访问团于1951年6月20日至10月7日，走访了广西、广东、湖南等民族地区，访问了苗族等少数民族。

1949年中华人民共和国成立后，通过中央民族访问团走访、民族识别等一系列工作，并根据苗族广大人民群众的意愿，苗族人民成为中华人民共和国56个民族大家庭中享受政治平等的族群之一。

自称 苗族的自称是指用苗语对自己族群的称谓。

苗族支系众多，分布地域广，已经转用汉语不同方言的苗族群体用汉语不同方言的相关词汇来做称谓，转用其他少数民族语言的苗族群体则用所转用少数民族语言的相关词汇来称谓。使用苗语的苗族群体或是使用苗语而识别为其他族群的群体，用苗族自称称谓做群体自称。

银饰与盛装

使用苗语的苗族群体或是使用苗语的其他族群的群体，虽然支系众多，且有方言土语和语音的差别，但从历史比较语言学的角度来看，除少数支系外，自称非常一致，自称的词根是最根本的自称，说明苗族自古以来就是一个不可分割的族群。苗语分湘西、黔东、川黔滇三个方言，苗族的自称与苗语方言的语音有密切的关系。

使用苗语湘西方言的苗族主要分布在湘西、黔东北、黔西南、桂西北、鄂西南，这部分苗族的自称不复杂，概有两种，大多数苗族的自称苗音汉字为"果雄"，少数苗族自称"帝叟"，"雄""叟"都来源于古苗语Hmong"苗族"。

使用苗语黔东方言的苗族主要分布在黔东、黔东南、黔南、黔中南、黔西南、桂西北、湘西南，这部分苗族的自称，概分三种，大多数的自称都与Hmong"苗族"有关，只是有地方的音变，一部分自称苗音汉字为"嘎瑙"，一小部分自称苗音汉字为"达吉"，后两种称谓的苗族也都有与Hmong"苗族"有关，有地方的音变。

使用苗语川黔滇方言的苗族分布相当广泛,包括黔中、黔北、黔西北、黔西、黔东南、黔中南、黔南、黔西南、川南、川西南、滇东北、滇东、滇东南、滇北、滇中、滇西北、滇西、滇西南,这些地区的苗族尽管支系纷繁复杂,又有地方音变,但总体上的自称都可以统一标记为 Hmong "苗族"。

此外,一些地方的苗族,如湖南城步苗族自治县长安营乡的苗族自称"坝那",海南的苗族自称 Kim mun "金门",黔东南、湘西南、桂西北的部分苗族自称 Miu niang "缪孃"。

迁徙与斗争

迁徙

尽管学界对苗族的起源有不同的看法,但根据汉文献和苗族民间口碑资料,多数苗族史研究者认为,以蚩尤为首的"九黎"部落联盟是可考的苗族最早的文化源头。九黎部落联盟最早生活在黄河中下游一带,在其西进过程中,与东扩的黄帝部落联盟、北进的炎帝部落联盟发生战争,史称"涿鹿之战"。经涿鹿之战失败后,九黎首领蚩尤为黄帝擒杀,尸首异地,九黎联盟中的部分部落向南迁移。千余年后,他们在长江、淮河流域兴起,又组成了三苗部落联盟,即史之所谓"昔者三苗之居,左彭蠡之波,右洞庭之水,文山在其南,衡山在其北",并相继与黄河中下游

苗族千年西迁之路

流域的尧、舜、禹部落展开了漫长的抗争，最后为夏禹分崩瓦解，史谓"分北三苗""窜三苗于三危"。商周时期，苗族先民被黄河流域的华夏民族称为"蛮""南蛮"。春秋战国时期，受中原民族大融合和频繁战争的蹂躏，尤其是受秦楚之战的影响，"蛮"的后裔再次向南迁徙，被称为"荆蛮"。

自秦汉至南北朝时期，苗族的分布更广。东至淮河流域，西到巴蜀、夜郎、牂牁，纵横数千里，而以今之湘、鄂、川（渝）、黔四省边区最多，是当时苗族分布的中心。其中，又以秦汉的黔中、武陵两郡较多，称"武陵蛮"。在武陵郡中，又以五溪流域的苗族最多，是当时所谓"五溪蛮"的主体民族。

唐宋时期，苗族的分布有较大的变化，一方面是汉水中下游以东至淮河流域的多数苗族已逐步被融合而消失；另一方面是移入贵州的苗族进一步增多，逐步成为苗族分布的中心，同时开始进入云南，称"南蛮"或"苗蛮"。这一时期，"苗"的称呼在樊绰的《蛮书》、朱辅的《溪蛮丛笑》及《宋史》等书中已开始出现。贵州已逐步形成全国苗族分布的中心。

苗族从古至近代，经历了四次大规模的迁徙，形成了今天苗族的分布格局。第一次发生在洪荒时代，《史记·五帝本纪》载：

蚩尤作乱不用帝命，于是黄帝乃征师诸侯，与蚩尤战于涿鹿之野。

经尧、舜、禹三代的不断"征战""窜三苗于三危"，包括苗族先民在内的"三苗"集团被分化瓦解。第二次发生在西周至战国时期，西周对"荆蛮"的多次用兵和楚国势力的扩展，苗族先民大部被迫离开江湖平原，迁入五溪、武陵地区。第三次发生在秦汉至唐宋时期。这时期苗族的主要流向，是从五溪、武陵地区向西、向南迁徙。向西进入川南和贵州大部分地区，有的经川南和黔西北开始迁入云南；向南迁入湘西南、桂西北，有的又由桂西北进入黔南、黔东南。第四次大规模迁徙发生在元明清时期。这时期苗族继续从五溪、武陵地区迁入贵州、广西，并从贵州、广西及川南经过不同线路进入云南，由云南陆续出境，迁徙至东南半岛的北部山区。这些大规模迁徙主要是各封建王朝发生的战争和推行的民族压迫政策所致，亦有因天灾原因逃荒的小规模迁徙。

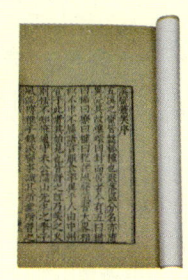

朱辅《溪蛮丛笑》书影

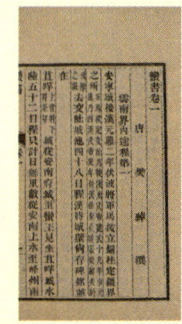

樊绰《蛮书》书影

海南苗族服饰

海南岛的苗族历史比较特殊，他们是明嘉靖、万历年间，明王朝为加强海南的防务，从岛外征调兵丁到海南戍守，其中,部分是来自广西凌云县和思恩县的苗族，久而落籍海南。明、清以后，方志和史籍始出现"苗黎"之称，即当今海南之苗族。苗族在海南落籍，人数并不多。沿海平原地带和大小河流两岸，多为汉族和黎族聚居地，就连中部山地，也为汉族或黎族地主、山主所圈占。苗族被视为客体，被迫移居于高山大岭，过着流徙游居的生活，极少数在黎汉杂居地或黎族居住区落脚者，但居于僻处，称为苗村。20世纪50年代统称苗族。

反封建剥削与压迫的斗争

苗族先民有反压迫反剥削的传统。从汉朝到民国，两千年斗争不息。

东汉建武年间（公元47—49），武陵蛮在蛮酋相单程领导下反抗封建王朝统治，败刘尚、马援于五溪。元初二年（115），武陵蛮、零陵蛮掀起抗暴抗捐斗争。东汉末，武陵蛮响应黄巾军起义。南朝宋元嘉十八年（441），武陵蛮因徭赋过重而在田向求率

为旅游而重建的苗疆边墙：南方长城

领下进行反抗斗争。元徽二年（474），武陵蛮在田思飘率领下掀起反赋役剥削的斗争。唐元和六年（811），南蛮在蛮酋张伯靖领导下进行为时三年的反抗斗争。唐末黄巢领导了农民起义，湘、黔、桂南蛮人民纷纷响应，并配合黄巢起义军逼近桂林城。中和三年（883）到光启元年（885），武陵地区南蛮以雷满为首，先后攻占朗州、衡州、澧州等地，驱逐唐朝官吏。宋初，溪州南蛮反刺史彭允林暴政，攻陷溪州城。宋元祐年间（1086—1093），湖南、广西的苗、瑶、侗在杨晟台、粟仁催率领下，杀官吏、攻州城，迫使宋王朝对五溪郡县"弃而不问"。

元明清时期，苗蛮的反抗斗争更加激烈。元明时期，随着中央王朝势力的深入，民族压迫加剧，苗蛮起义斗争逐渐增多。元至元二十七年（1290），贵州中路的苗蛮、仲家苗起义，攻克顺元路城。至元二十九年（1292），湖南辰州苗蛮掀起抗元斗争。至正年间（1346—1349），元末湘西南靖州、沅州吴天保率飞山蛮诸峒6万之众起义，攻占县城并转战湖北、河南等省，有不少苗族起义农民参加了陈友谅领导的农民起义队伍，继续反元斗争。明洪武、宣德、正统、正德、嘉靖年间，湘、黔毗邻地带苗族多次掀起反明朝官军的武装斗争，明朝为防苗反，筑起苗疆边墙（南方长城），实施民族隔阂政策。明正统十三年到景泰二年（1448—1451），湘黔毗邻地区及贵州腹地以苗族为主力起兵反明三征麓川的拉丁派夫、强征徭役、肆意骚扰，明朝动用20万兵力镇压，历时三年。天顺元年至三年（1457—1459），黔中南十三番苗族首领干把珠领导起义抗明苛捐杂税、派夫派粮，震动一时。嘉靖十七年至三十年（1538—1551），龙许保领导的黔东北和湘西的苗族起义，长达14年之

苗族人民和白莲教起义形势图

久，先后抗击明军16万之众。

清代苗族起义同样很多，其中规模最大的有三次。第一次是雍正十三年至乾隆元年（1735—1736），包利、红银领导的"雍乾苗民起义"，清廷动用七省兵力围剿。第二次是乾隆六十年到嘉庆元年（1795—1796），石柳邓、吴八月等领导的湘黔川"乾嘉苗民起义"，与白莲教起义相呼应，给清王朝以沉重打击。第三次是咸丰五年至同治十二年（1855—1873），张秀眉、柳天成、陶新春等分别领导的以贵州为中心的"咸同苗民起义"，历时18年，影响十分深远。清朝三次大规模苗民起义，每次隔60年，故有诬称"苗心狗胆，说反就反"，"三十年一小反，六十年一大反"。

1911年，辛亥革命爆发，苗族地区先后响应，苗族青年王宪章、唐力臣等是典型的代表。苗族人民还参加和支持护国军反对袁世凯复辟帝制的斗争。北伐战争中，许多苗族官兵，像朱早观、欧百川、吴绍周等苗族军官及数千苗族士兵参加了北伐并做出了贡献。

反帝国主义侵略的斗争

1840年鸦片战争以后，苗族人民的反抗斗争增加了反帝反殖民主义的内容。道光三十年（1850），黔东南苗民保禾、高禾起义被镇压后，于咸丰五年（1855）又爆发了以张秀眉等领导的苗民起义，历时18年之久，势及黔湘桂川滇诸省。这次起义，与教军、号军和太平天国石达开部相互配合，沉重地打击了清王朝和帝国主义的势力，在中国近代史上写下了光辉的一页。

光绪十年（1884），法帝国主义侵略云南、广西等省，苗族人民为保卫祖国而投入抗法斗争，如黔北、黔中、黔南苗族反洋教会斗争，湘西苗族赴闽赴台抗法斗争，云南文山苗

杨岳斌招募苗族兵勇抗击法国入侵

族项崇周反法保卫边疆的斗争。近百年来，英、法帝国主义在云南修筑铁路，抢开矿藏，并与当地反动统治者相勾结，对苗族和其他民族人民实行联合压迫，苗族和其他各族坚持了反抗斗争。

1937年，七七事变后，日本帝国主义发动了全面侵华战争。在八年抗战中，成千上万的苗族子弟奔赴前线，与各民族一道抗击日寇的侵略，以身许国，血洒疆场。特别是以苗族子弟为主组成的国民革命军一二八师和暂五师、暂六师的浴血抗战，可歌可泣，集中体现了苗族素有的爱国主义传统和英勇顽强的斗争精神。一二八师前身为陈渠珍所编三十四师，师长顾家齐，官兵基本全是湘西苗族子弟。抗战爆发后，一二八师开赴抗日前线，驻防浙江萧山、宁波、定海、象山等地，受第十集团军指挥。1937年10月下旬，日军两个团从杭州湾金山卫登陆，一二八师奉命由宁波开抵嘉善守备。尔后的日子里，一二八师参加了枫泾镇夜袭战、嘉善防御战、九江沽塘之战。沽塘失陷，大多苗族子弟战死沙场，一二八师番号撤销，余部整编。尽管如此，作为湘西苗疆的子弟兵，其抗日功绩是不可磨灭的。

嘉善阻击战纪念碑

湘西苗族"革屯"起义胜利后，"革屯"队伍在桃源整编为暂五、暂六师后，开赴抗日前线，与各族人民并肩作战，为捍卫国家领土和独立，做出了不可磨灭的贡献。整编后的湘西苗民"革屯"起义队伍先后参加了三次长沙会战、江北游击战、华容战役、常德会战、衡阳会战。常德会战后，暂五师仅剩一个团的兵力，后整编，番号撤销。衡阳会战后，湘西籍苗族官兵所剩无几，1944年到武冈整编，并入川军，暂六师番号撤销。以湘西苗族"革屯"军为基础队伍的暂五师、暂六师，从1939年开赴抗日前线，至1944年底番号撤销，连年浴血苦战，上万苗族子弟伤亡殆尽，用鲜血谱写苗族历史的又一光辉篇章。

> **知识链接** **"革屯起义"** 湘西苗族人民为废除自清嘉庆四年（1799）以来实行了近140年的屯田制剥削方式而掀起的斗争。在中国共产党的号召和抗日战争的影响下，永绥县苗族隆子雍、吴恒良、梁明志、石维珍、龙正波、龙云超于1936年发动起义，提出"废屯归民""抗日救国"口号，得到当地苗、汉、土家等族人民的支持。起义迅速发展，最终导致了屯田制的废除。

1939年2月，日寇侵占海南并深入腹地苗族聚居区。1944年8月，日寇侵占湘西南苗族地区。1944年9月，日寇侵占桂西北苗族聚居区。1944年11月，日寇侵占黔南苗族聚居的荔波、独山、三都。日寇的侵略行径激起了苗族人民的爱国热情，无论是中国共产党领导的八路军、新四军中的苗族将士，还是国民党领导的国民革命军中的苗族将士，都奋勇杀敌，战绩辉煌，中国共产党领导的地方游击队，如海南的"苗族人民抗日后备大队"、融水苗族人民抗日武装、龙胜伟江抗日游击队，积极发动群众参加抗日，打击汉奸卖国贼，就连远在滇东北的苗族基督徒也奔赴抗日疆场，为国捐躯。

反对国民党反动统治的斗争

1921年，中国共产党诞生，苗族人民的斗争进入了新的历史阶段。1926年，在毛泽东直接领导下召开的湖南省第一次农民代表大会上作出了《解放苗瑶决议案》，号召苗、瑶族人民参加或组织农民协会。在中国共产党领导下，湘鄂西、黔东及海南岛吊罗山等苗族地区都先后建立了革命根据地。红军长征经过湖南、贵州等省苗族地区，播下革命火种，苗族地区先后建立了革命武装，如黔西北的"苗民支队"、黔东的"边胞支队"等，直接打击了军阀和国民党反动武装。

1925年，滇东南苗族掀起抗租、抗税、抗粮、抗捐、抗债等斗争。1929年12月11日，邓小平、张云逸领导百色起义后，在桂西、桂西北、黔南、黔西南、滇东南苗族地区播下了红色革命的种子，为解放战争的胜利奠定了群众基础。大革命失败后，中国共产党为了挽救革命，把战略重点转移到农村，在全国许多地区成立了工农红军，建立了革命根据地，其中，有些是在苗族地区，如贺龙、周逸群领导的湘鄂西革命根据地、黔东革命根据地，成千上万的苗族人民为革命和根据地的

姜思毅主编的《中国人民解放军大事典》刊布的中国工农红军总政治部布告：对于苗瑶等少数民族，主张民族自决，民族平等，与汉族工农同等待遇，反对汉族的地主财富老的压迫

建设做出了贡献。

1934年7月，在黔东沿河县铅场坝召开的黔东特区苏维埃第一次工农兵代表大会，通过《关于苗族问题的决议》。这个决议，是中国共产党在民主革命时期提出解决苗族问题的最系统、最完善的纲领性文件。1933—1937年，湘西苗族人民经过艰苦卓绝的斗争，废除了湘西苗族地区实行了140多年的屯田、屯租制度。1941—1942年，湘西、黔东北地区苗族人民为反抗国民党反动派抓丁和苛捐杂税，反对食盐官卖，掀起了大规模的群众武装斗争，即"布将帅"起义。

抗日战争时期，1942年，黔东清水江流域的汉、苗、侗为反抗国民党暴政，发起"黔东事变"。1943年，黔西南苗族熊亮臣在中国共产党的帮助下，在麻山地区开展游击斗争。

解放战争时期，活跃于滇桂黔边区的滇桂黔边纵第三支队、活跃于滇黔边区的边纵第六支队和威宁游击团，都有许多苗族参加。黔东北松桃苗族人民成立了"边胞支队"，在松桃和湘西开展革命游击战争。贵州苗族人民在推翻国民党统治的斗争中，做出了重要的贡献。此外，解放战争时期，有许多苗族子弟参加了中国共产党在滇南、滇东南地区建立的游击武装，滇东南麻栗坡的苗族村寨都是游击队的根据地。

经济社会

经济

苗族度过了漫长的原始社会，长期以粗放的农业和采集渔猎为生，兼饲养很少的禽畜。夏商周时期，农业及家庭饲养有一定的发展，采集渔猎是食物的重要补充。春秋战国时期，开始使用青铜器，经济仍主要以农业为主，种植水稻和山地作物，畜牧业不发达。

秦汉时期，随着铁器和生产技术的传入，推动了苗族经济社会的发展，生产方式为刀耕火种或火耕水耨，种植水稻、山地作物，掌握了用木皮织绩和以草实染色的纺染技术，出现了产品交

染布

换,有初步的货币流通,但生产力水平低。魏、晋、南北朝时期,冶铁和采炼朱砂、水银等技艺有所发展,用剩余农产品和手工制品来交换食盐的贸易集市逐渐形成,原始社会逐渐解体,形成地缘关系农村公社。

唐宋时期,苗族逐步进入阶级社会,汉族的封建经济通过汉、苗的民族间接触,推动了苗族封建社会领主经济的形成和发展。有些蛮酋、蛮帅成为世袭土官,领有大量的土地,苗民则沦为农奴或田丁,交纳租赋,服劳役。苗族地区的农业有很大的发展,黔东南、桂西北已稻粟再熟,湘西地区已有存粮,畜牧、纺织、蜡染、冶金等也有发展,有地方货币海贝流通。

苗族妇女收制作衣裙的苎麻

元、明时期,由于土司制度的推行,苗族地区封建领主经济发展较快。苗族主要从事农业生产,过着自耕自织的自然经济生活。明末清初,苗族地区仍主要是土司制度,尽管农业生产有所发展,但自然经济的桎梏未打破,商业有所发展,开始出现定期的集市贸易。清雍正年间武力开辟苗疆,实行"改土归流",对封建领主制的瓦解和地主经济的发展起了很大的促进作用，但雍正武力开辟"生苗区"和武力征服，造成了苗族人员大量伤亡，严重地破坏了生产力。随着封建地主经济的发展，土地的兼并和财富的集中日益加剧，汉族地主大量兼并苗族土地，失地人口越来越多并沦为地主的佃户。清乾隆盛世以后，湘西、黔东北、黔东南苗族地区出现了为数不多的大地主，但苗族地主经济的发展并不充分，经济力量很薄弱，除传统农业生产外，手工业逐步发展，手工业产品开始在集市销售，农副业有较大的发展，特别是桐油、油茶、木材生意兴隆，同时，桐油、油茶、木材也成了帝国主义列强掠夺的原料。

1840年鸦片战争以后，中国半殖民地半封建化，苗族的农业生产结构发生了较大的变化。除了传统农业作物外，随着内地汉族资本涌入苗族地区收购桐油、油茶、木材、茶叶、药材、山货、毛皮等土特产，一些苗族地区也种植与农业有关的诸如油桐、油茶、林木、茶叶、药材等经济作物。

湘西南、川东南的经济基础较好，农业生产发展较快，除少数偏僻山区外，已基本与汉族农业生产水平相当，生产工具较多。

湘西、黔东南及五溪流域交通便利的苗族地区，农业生产工具的使用基本与汉族相当，牛耕和施肥较为普遍，刀耕火种或火耕水耨的农业生产方式基本消失或仅有残存，粮食作物以种植稻谷为主、杂粮为辅，稻谷品种增多，以籼稻为主，糯稻次之。

黔东南与黔南毗邻地带的苗族地区尽管仍以种植糯稻为主，但开始种植较多的籼稻，旱地作物除旱稻、红稗、大麦、燕麦、荞麦、高粱、豆类外，尚种植产量较高的玉米、番薯、马铃薯。

黔西北、黔西、黔西南、滇东北、滇东、滇东南、桂西北、桂西等山区的苗族逐渐改种玉米、番薯、马铃薯等高产作物，旱稻、红稗、大麦、燕麦、荞麦、高

南瓜丰收

梁、豆类等作物的种植有所减少，刀耕火种和锄耕农业仍占优势，牛耕有所扩大。云南边陲及海南岛山区仍为刀耕火种。

随着资本主义列强商品倾销、原料掠夺和资本输入的冲击，1870年以后，苗族地区自给自足的自然经济开始解体，农副业及家庭手工业，如纺织业、种靛业、矿业、种棉业开始受到了冲击而呈逐渐衰落之势，其中，以纺织业最为突出。洋布输入之前，苗族妇女所织的花椒布、纹布、葛蔺布，除自用外，还销售市场。由于英国廉价的棉纱、棉布的输入，成本较低，苗族开始改用洋布做衣料，女红之利，尽为洋纱所夺，种棉者以无利益不得不改而他图。与纺织业相关的蓝靛种植，也因洋靛的大量输入，受到极大冲击。洋靛输入之前，苗族多数自种蓝靛，自染衣料；光绪初年，洋靛输入后，土靛生产开始受到冲击，至光绪末年，已形成洋靛盛行，土靛败落的局面。

万事忘不了绩麻

民国初期，苗族地区的土地、赋税制度与清朝没有大的区别，随着地主经济的发展，土地兼并现象日趋严重，农村经济受到军阀混战、自然灾害、币制紊乱和鸦片种植等畸形经济的影响，苗族农业生产受到较大影响。国民政府在苗族的一些地方大规模改良农作物品种，如在黔东南苗族地区进行糯改籼，并进行技术推广，大大推进了苗族地区农业生产的发展，但是，苗族地区农业生产结构没有大的变化，除了有条件的地方普遍种植水稻外，绝大多数苗族地区仍然以旱稻、玉米、番薯、马铃薯、红稗、大麦、燕麦、荞麦、高粱、小麦、豆类等为主要粮食作物，农业生产工具没有大的变化。苗族的生活存在地区的极大差异，环境好的地区，基本能维持生活，而生存环境差的地区，生活十分贫困，依然保持着刀耕火种的习俗，并一直延续到新中国成立后的二三十年。

抗日战争胜利后，由于蒋介石发动全面内战，军费剧增，社会财富大量消耗于战火之中，造成大量财政赤字，通货恶性膨胀，财政金融严重危机，商业投机猖獗，地租和高利贷剥削加重，地主、商人则乘机大肆兼并苗族土地，匪患连年，社会动荡不安，农业生产力遭受严重破坏，苗族一些地区初步发展起来的资本主义性质的工商业，至新中国成立前夕纷纷破产、倒闭，经济凋敝，手工业和手工作坊所剩无几。

我也有商品意识

新中国的成立，苗族地区的农业生产结构发生了较大的变化，主要种植水稻、玉米、马铃薯、荞麦、薯类及豆类作物，黔西北、滇东北一些高寒山区的苗族不种植水稻，云南、贵州一些地方的苗族还种植旱稻、红稗。经济作物主要有麻、烤烟、棉花、蓝靛、花生、油桐、油茶等。苗族大多数地区的生产工具仍为传统的工具，皆用牛耕，随着农业技术的不断推广，机械化或半机械化的农业工具以及农药已经普遍使用于农业生产。

改革开放以后，苗族手工业有很大发展，手工业品不仅能在国内市场上畅销，而且在国际市场上也受到欢迎，特别是蜡染、印染、服饰、银饰、医药、酿酒、工矿以及服务行业蓬勃发展。随着苗族地区旅游经济的迅速发展，像苗族传统的蜡染、印染、服饰与旅游挂钩，促进了商品的生产与销售。

社会

　　苗族社会的发展，五千年间经历了多种社会形态。就苗族外部社会而言，曾承受楚国及他族奴隶制的残酷统治，曾承受封建社会领主制、地主制、郡县制、经略州制、羁縻州制、土司制的统治与剥削。就苗族内部社会来说，曾经盛行鼓社制、议榔制、寨老制等传统社会组织。苗族的传统社会组织一直延续到明清时期，民国时期某些地区仍盛行，中华人民共和国成立后尚有残存。

　　鼓社制　鼓社是一个结合得十分紧密的血缘集团，其亲属制度、祖先崇拜、地域观念以及人们在生产、生活中所体现出来的互助精神，有力地支持着鼓社组织观念，使鼓社在没有强大的外来压力之下经久不衰。鼓社的实质是父系大家族公社。明清以降，鼓社主要盛行于黔东南、黔南、桂西北毗邻苗族地区。在近现代苗族社会仍发挥着重要的作用。

　　鼓社由同宗的一个或数个村寨组成，有十几户或百来户的，也有几百户乃至上千户的。一个鼓社共立一个鼓敬祖。一个宗族就是一个大鼓社，称"黑社"。随着人口的发展，一个宗族又分为许多支，因而出现许多分鼓社，称"白社"。"黑社"由数村乃至数十村组成，设鼓头五人、七人、九人不等，有鼓石窟供木刻或石雕苗族始祖央公、央婆。"白社"以村寨为单位，内部结构比较简单，只设鼓头一人，无鼓石窟。氏族鼓社内部相互不通婚。鼓社祭祖时间为三年、五

芦笙节上的铜鼓

年、七年不等，可不杀牛，只杀猪，但十三年要举行一次祭祖大典和产生新的鼓头大会，称"鼓藏节"。"鼓藏节"祭鼓，必须杀水牯牛。

鼓社作为一个社会单位，"黑社"由鼓头、歌头、桌头、礼头、武头、活路头、护头、护尉、粮头集体领导，称为"鼓社九鼓头"，由十三年一届的"鼓藏节"大会推举产生。鼓社最具代表性的实物就是"鼓"。鼓社的鼓象征祖先花娘、蝶娘的安息之所。击鼓，即表示请祖先，同时，号召全鼓社祭祖或战斗。

鼓社的最高权力机关是全体社员大会，也就是十三年一届的鼓社节。鼓社节的任务通常是举行隆重的祭祀活动，选举鼓头，讨论决定鼓社规约及重大事项。除鼓社节大会外，鼓社会议通常是临时需要时举行。出席鼓社会议的成员为全体社员有影响的人，通常就是家长。

鼓社作为苗族的一种传统社会组织，具有组织发展生产、调

鼓藏节起鼓仪式

咸同苗民起义将领柳天成故乡

整婚姻及促进人口增长、调整内外部关系、血族复仇、军事单位等社会功能。鼓社虽不具备军事力量，但在鼓社成员或鼓社遭受外辱和压迫剥削时，可以通过鼓社节或鼓社会议的形式号召和组织抵御、反抗，乾嘉苗民起义、咸同苗民起义、布将帅运动、黔东事变等都与鼓社具有军事单位功能相关。

议榔制　议榔是由不同宗的家族组织成的地域性村寨组织，即农村公社组织。议榔由鼓社组织发展演变而成并突破了血缘关系，完全以村寨和地域为基础。一个议榔实质上就是一个农村公社。议榔制实质就是苗族社会中一种议定公约的制度，也是地区性的政治经济联盟。

议榔制社会组织普遍存在于整个苗族地区，而且这种社会组织一直延续到近现代苗族的基层社会。议榔在不同的苗族地区叫法不尽相同，黔东南叫"构榔"，桂西北融水叫"埋岩会议"，湘西叫"合款"，滇东南金平、麻栗坡叫"丛会"。

议榔组织大小不一，有一个村寨或几个村寨组成的，有一个鼓社或几个鼓社组成的，有几十个村寨甚至整个地区组成的。地区性议榔设榔头一人，设副榔头、军事首领、祭师、寨老等若干人。榔头，湘西称"款头"，桂西北融水称"头老"，滇东南称"丛头"。榔头和军事首领由选举产生并有一定的任期，祭师、寨老是自然形成的。

议榔的最高权力机关是议榔大会，由榔头主持，每户一人参加。任务主要是讨论议榔内共同有关的大事，制订榔规榔约，选举产生执事首领。议榔大会有一年一次的，也有两三年一次的，还有十二年一次的。议榔之间互不统属，只有当受到外来强大压力，无法适应急剧的社会、文化变迁时，议榔间才会联盟。

> **知识链接** **议榔** 即议定公约，公约即是习惯法，称榔规、榔约、款条、里社规约。榔规榔约一经通过，就成了不成文的法律，上至榔头，下至群众，人人必须遵守，无一例外。

寨老制 寨老，即苗族村寨之尊者。清"改土归流"后至近现代，随着人口的增多、迁徙和异姓聚族而居，按姓氏立寨、立鼓为社的格局被打破。村落家族的变化，导致寨老制的产生。

寨老是自然形成的，不世袭，具有自然领袖的特征。寨老有村寨寨老、鼓社宗族寨老（鼓公）、地域寨老（大理头）。寨老在苗族社会中扮演重要的角色，起着重要作用，又分仲裁型寨老、管理型寨老、荣誉型寨老。

苗族有自己的习惯法，在财产、婚姻等问题发生纠纷时，就诉之以"法"，请寨老公断。诉讼双方都由寨老申辩。寨老一经作出判断，当事双方一般就会和解。但是，如果案件不清，是非不明，当事者双方对案件的基本事实有着根本分歧，则寨老要进行"神明裁判"，包括砍鸡头、捞稀饭、踩犁铧、看鸡眼、捞油锅、赌咒、占卜等具有自然宗教色彩的方式。"神判"是一种依靠天意的迷信裁判，是一种假借神权的民族民间习惯法程序。

人口与分布

人口

苗族先民经过数千年的生息繁衍，尽管历代封建王朝对苗族曾登记造册，使其纳税赋贡，但始终没有确切的苗族人口数据，民国时期也是如此。中华人民共和国成立后，把具有共同经济、共同地域、共同文化、共同心理的族群识别为苗族。

1953—2010年历次人口普查表

次数	人数
1953年第一次人口普查	2 490 874
1964年第二次人口普查	2 782 088
1982年第三次人口普查	5 021 175
1990年第四次人口普查	7 383 622
2000年第五次人口普查	8 940 116
2010年第六次人口普查	9 426 007

2010年各省、市、自治区苗族人口统计表

地区	人数	地区	人数
贵州	3 968 400	湖南	2 060 426
云南	1 202 705	重庆	482 714
广西	475 492	浙江	309 604
四川	164 642	湖北	114 790
福建	88 017	海南	74 482
江苏	49 535	安徽	13 856
北京	12 957	河北	9 703
江西	9 125	山东	8 414
新疆	7 626	辽宁	3 952
天津	3 751	河南	3 421
内蒙古	3 349	陕西	2 787
黑龙江	2 575	山西	2 205
吉林	1 446	甘肃	1 212
宁夏	1 113	青海	911
西藏	416		

分布

中国苗族主要居住在云贵高原及其延伸地带的山区，如湘黔川边的武陵山，黔东南的苗岭、月亮山，黔南的大小麻山，广西的大苗山，滇黔川边的乌蒙山等，自然环境和自然资源较差，尤其是居住在云贵高原西端的苗族，居住环境更为恶劣，大多生活在高山台地地带或石山区。

苗族主要分布在中国的贵州、湖南、湖北、四川、云南、广西、重庆、海南八个省、自治区、直辖市，近十年来随着社会的发展和转型，苗族外出务工人员逐年增加，成为遍布全国各省、自治区、直辖市的暂住人群，为不同行业的建设贡献着力量。

语言文字

语言

苗族使用的语言有苗语、汉语、侗语、瑶语。苗语是苗族的原始母语，贵州有一部分瑶族、畲族也使用苗语。

自秦汉以降，封建中央王朝不断对苗族地区进剿，特别是明清开辟苗疆和雍乾、乾嘉、咸同苗民起义后，封建中央王朝实行大肆镇压和强制同化政策，把苗族分为"生苗"和"熟苗"，致使鄂西、湘西、渝东南、黔北、黔东南、湘西南、桂西北"熟苗区"的绝大多数苗族放弃苗语而使用汉语西南官话、老湘语、平话。使用汉语西南官话的苗族主要分布在鄂西、湘西、渝东南，使用人口约有30万人。使用汉语方言平话的苗族主要分布在湘西南、桂西北，使用人口约有26万人。使用汉语湘西南土话的苗族主要分布在湘西南、黔东南、黔西南，称"酸汤话"或"酸话"，使用人口约有15万人。黔东南、湘西南、桂西北毗邻地带的一部分苗族使用南部侗语的一种话，称"草苗话"，使用人口约有9万人。海南岛的苗族使用的语言是瑶语，使用人口约有7万人。湖南城步苗族自治县长安营、绥宁县黄桑坪的苗族"红苗"支系，使用坝那语，使用人口约有2 500人。

苗族的固有语言，称为苗语，属于汉藏语系苗瑶语族苗语支，分湘西方言、黔东方言、川黔滇方言，又称东部方言、中部方言、西部方言。苗语方言之间差别较大，不能通话。

苗语湘西方言，使用人口约有180万人，分东部、西部两个土语，土语间有较大差别，不能通话。苗语黔东方言，使用人口约有230万人，分东部、西部、北部、南部四个土语，土语间有一定的差别，相互通话有一定的困难。苗语川黔滇方言，使用人口约有440万人，内部复杂、差别较大，分川黔滇、滇东北、贵阳、惠水、麻山、罗泊河、重安江、平塘八个次方言，各次方言又分成若干土语。各次方言、土语之间都有较大差别，不能通话。

文字

历史上，苗族没有记录自己语言的文字。据民间传说，苗族曾有文字，但因战争与迁徙而遗失。有些学者认为苗族服饰上的一些刺绣符号是苗族传说文字的遗存，但仅是猜测。

目前所见，一些文献记述过"苗文"。清朝陆次云的《峒溪纤志·志余》记述的"苗文"及其所附《铎训》《歌章》二篇至今不能破译，不知何文种，有人认为是苗文。清咸同年间，黔东南张秀眉率苗众反清，曾聚结于雷公山，现存雷公山雷公碑的"苗文"残片及其拓片也未能破译，亦不知何文种。而庄启的《苗文略述》、华学涑的《国文探索一斑》、袁嘉谷的《滇绎》、谢彬的《云南游记》、李芳的《大定县志》记述的"苗文"，实为老彝文。

近代以来，苗族的一些文人曾用汉字或仿照汉字造字法造字

《峒溪纤志·铎训》所载"苗文"

来记录苗族民间歌谣或宗教经书，目前尚遗存少量文献的仿汉字苗文是"板塘苗文"。板塘苗文为清末湘西苗族文人石板塘所创，于湘西苗族地区记录苗歌、祭祀辞，板塘苗文流传不广，只限于湖南的花垣、古丈等少数文人使用，现所剩材料极为有限。

柏格里苗文

鸦片战争后，西方列强的宗教势力渗透到苗族地区，传教士为了传教的需要，在苗族一些地区创制了苗文，影响较大的有旁海苗文、柏格里苗文。旁海苗文由澳大利亚传教士胡志中用国语注音字母并适当附加声调符号所创，曾印刷过《圣经》，但随着宗教势力消逝而消失，现所剩文献无几。近来基督教在黔东南凯里、雷山得到恢复，旁海苗文印刷的《圣经》又有扩展的迹象。柏格里苗文由英国传教士柏格里用大写拉丁字母及相关符号创制，1905年开始在黔西北、滇东北苗族地区传播，到20世纪30至40年代发展到巅峰，传教士撤走后，柏格里苗文开始衰落，不过，绝大多数苗族教徒仍掌握柏格里苗文。

20世纪50年代，中国科学院少数民族语言调查第二工作队会同地方政府、高校为苗族创制了湘西苗文、黔东苗文、川黔滇苗文、滇东北苗文，从而形成苗族的四种拉丁字母文字。苗族的拉丁字母文字仍处于试验推行阶段，未得到有关部门应有的重视。

民族区域自治

民族区域自治是中国共产党解决民族问题的基本政策，是国家的一项基本政治制度。1952年，中央人民政府发布《中华人民共和国民族区域自治实施纲要》，对民族自治地方的建立、自治机关的组成、自治机关的自治权力等重要问题作出明确规定。1954年，召开第一届全国人民代表大会，民族区域自治制度载入《中华人民共和国宪法》。1984年5月31日，第六届全国人民代表大会第二次会议通过了《中华人民共和国民族区域自治法》，并决定于1984年10月1日起正式实施。2001年，为进一步加快民族自治地方经济社会事业发展的需要，在充分尊重和体现民族自治地方各族人民意愿的基础上，全国人大常委会对《中华人民共和国民族区域自治法》进行了修改，使之更加完善。现行《中华人民共和国民族区域自治法》明确规定:"民族区域自治制度是国家的一项基本政治制度。"

中国的民族自治地方分为自治区、自治州、自治县三级;划分三级行政地位的依据,是少数民族聚居区人口的多少、区域面积的大小。各民族自治地方都是中华人民共和国领土不可分割的一部分。民族自治地方的自治机关必须维护国家的统一,保证宪法和法律在本地方的遵守和执行。上级国家机关和民族自治地方的自治机关都要维护和发展平等、团结、互助、和谐的民族关系。

现行苗族自治州一览表

省份	名称	成立时间
贵州省	黔东南苗族侗族自治州	1956年7月23日
贵州省	黔南布依族苗族自治州	1956年8月8日
贵州省	黔西南布依族苗族自治州	1982年5月1日
湖南省	湘西土家族苗族自治州	1957年9月20日
云南省	文山壮族苗族自治州	1958年4月1日
湖北省	恩施土家族苗族自治州	1983年12月1日

现行苗族自治县一览表

省份	名称	成立时间
贵州省	威宁彝族回族苗族自治县	1954年11月11日
	松桃苗族自治县	1956年12月31日
	镇宁布依族苗族自治县	1963年9月11日
	紫云苗族布依族自治县	1966年2月11日
	关岭布依族苗族自治县	1981年12月31日
	印江土家族苗族自治县	1987年11月20日
	务川仡佬族苗族自治县	1987年11月26日

续表

省份	名称	成立时间
贵州省	道真仡佬族苗族自治县	1987年11月29日
湖南省	城步苗族自治县	1956年11月30日
	靖州苗族侗族自治县	1987年9月27日
	麻阳苗族自治县	1990年4月1日
云南省	屏边苗族自治县	1963年7月1日
	禄劝彝族苗族自治县	1985年11月25日
	金平苗族瑶族傣族自治县	1985年12月7日
广西壮族自治区	龙胜各族自治县	1951年8月19日
	融水苗族自治县	1952年11月26日
	隆林各族自治县	1953年1月1日
重庆市	秀山土家族苗族自治县	1983年11月7日
	酉阳土家族苗族自治县	1983年11月11日
	彭水苗族土家族自治县	1984年11月10日
海南省	琼中黎族苗族自治县	1987年12月28日
	保亭黎族苗族自治县	1987年12月30日

第二章
苗族的物质生活：衣食住行，异彩纷呈

　　苗族的生活习俗是千百年来逐渐形成并传承下来的。由于苗族先民在历史上的频繁迁徙，形成了分布广、居住环境各异的地域性特征，从而使苗族的生活习俗除作为具有共同心理特征的民族族群外，在服饰、饮食、建筑方面，既有共性，也有差异，使得苗族的生活习俗在现代社会中异彩纷呈。

服饰：五溪衣裳共云天

苗族服饰，民族特点十分鲜明，尤其是苗族妇女的传统服饰，既古朴又艳丽，堪称绝妙的艺术品，各地区各支系在服饰方面至今不同程度地保持了自己某些共同的民族传统。但不同地区和不同支系之间又有明显差异，各具特色，并且古今沿革变迁都较大，这使得苗族服饰更为纷繁多彩。

文献的记载

苗族的服饰，唐宋以前的一些汉文文献已有记载，如东汉应劭的《风俗通》和东晋干宝的《搜神记》记载：盘瓠子孙，织绩木皮，染以草实，好五色在服，裁制皆有尾形，世称"赤髀横裙"。又如《后汉书·南蛮传》记载：盘瓠之后，织绩木皮，染以草实，好五色，衣服斑斓。《隋书·地理志》记载：盘瓠之后，服章多以斑布为饰。《宋史·蛮夷传》载：诸蛮，椎髻跣足，衣服斑斓。可以看出，唐宋以前，苗族服饰的基本特征是好五色、衣服斑斓、赤髀横裙、椎髻跣足。

元明以降，地方志文献对苗族服饰的记载更明确、更具体。如明成化沈瓒的《五溪蛮图志》，天启包汝楫的《南中纪闻》，清康熙阿琳的《红苗归流图》，乾隆段汝霖的《楚南苗志》《绥宁厅志》，乾隆《湖南通志》，嘉庆严如煜的《苗防备览》，嘉庆《龙山县志》，同治《松桃厅志》，道光《乾州厅志》，光绪《靖州乡土记》等，都记载了湘西、湘西南苗族服饰。明弘治沈庠、赵瓒的《贵州图经新志》，嘉靖田汝成的《炎徼纪闻》，万历郭子章的《黔记》，清康熙陆次云的《峒溪纤志》、田雯的《黔书》，道光罗绕典的《黔南职方纪略》《黔苗图说》《百苗图》及日本鸟居龙藏

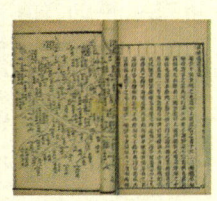

《苗防备览》书影

《百苗图》之清江黑苗

的《苗族调查报告》等记载了贵州苗族服饰。清雍正鄂尔泰的《云南通志》、方桂的《东川府志》、崔乃庸的《东川府志》，道光王菘的《云南通志》，光绪《丽江府志稿》、张问德的《顺宁县志稿》及民国《邱北县志稿》《罗平县志稿》《中甸县志稿》《马关县志》《宣威县志稿》《路南县志》《禄劝县志》《昭通县志》等记载了云南苗族服饰。广西苗族服饰的明确记载首见于清乾隆《皇清职贡图》及钱元昌《粤西诸蛮图志》，后有嘉庆《广西通志》及民国刘介的《苗荒小纪》。而川南、海南苗族服饰则无明确文献记载。文献记载的苗族服饰反映了明朝中后期、清朝及民国时期苗族服饰的变迁。

《苗族服饰：符号与象征》书影

服饰的文化符号

苗族服饰由于特定的社会历史、自然地理、宗教信仰、风俗习惯和文化传统等诸多因素，形成了迥异的审美观念、审美对象和审美情趣，创造了服饰造型独特、纹样风格及款式殊异、质地精良、种类繁多的民间工艺美术。苗族服饰不仅是一种实用品和艺术品，而且已构成内涵丰富的民族服饰文化。在绣衣的图案语言里，记录着人类起源的神话，记录着苗族先民悲壮的迁徙历史，是穿在身上的图腾，是用心血绣染出的民族情结，是写在服饰上的史书，是民族的外部形象识别标志。苗族服饰，是典型的

丹寨苗族的锦鸡服

女性文化瑰宝，苗族女性是其服饰文化的主要载体。同时，苗族服饰又是一种原始的苗族人民的符号和象征，是一种规则和历史的存根，一种无声语言和标志。因此，苗族服饰是无文字文明的重要载体，待人破译、解读、启悟。苗族服饰涉及民俗生活的各个方面，保留着历朝历代乃至人类早期的服饰特征，是苗族艺术观的体现，是人类文化宝库中的瑰宝。

▶ 剑河南脚苗族服饰

▶ 滇东南青苗新款服饰

苗族是一个历史悠久的民族，他们的先民在先秦时代就生活在长江中游地区。经数千年的历史大迁徙，苗族形成了如今分布在黔、湘、滇、川、渝、鄂、桂、琼等地与其他民族大杂处小聚居的格局。苗族的历史文化是靠口头文学和服饰图画艺术来记录的。与许多无字民族不同的是，苗族不仅将历史传统倾注于口头文学之中，更将它倾注于图画之中，这主要表现在苗族服饰的刺绣图案里。

苗族服饰不仅款式种类繁多，样式各异，而且是最能代表苗族民族特征的物品。无论哪个民族都没有像苗族这样将服饰图案作为史书，深切地表述历史。苗族的服饰无处不向世人昭示：我们是苗族，我们来自黄河之滨、长江之畔；我们长途迁徙，历尽艰辛；我们有自己独特的文化，正是在这样的心态之下，勤劳的苗族女性倾其心血去

▶ 长角苗梳妆

绣、去染、去展示她们的情结，因此才有了如此优秀的、民族特色极强的苗族服饰艺术。

苗族服饰反映了苗族历史悠久、居住分散、风俗多样的特点，苗族支系与支系、县与县，甚至寨与寨之间在服饰上都有严格区别。其服装的主要色调亦不尽一致，所谓"白苗""黑苗""花苗""汉苗"等就是依据服色或服式而来的自称或他称，也有根据妇女的裙样，称为"长裙苗"和"短裙苗"的。其实，同一种称呼之下，不同地域的妇女服饰也各个不同。同是"白苗"，云南麻栗坡一带的女性，上着圆领开襟窄袖青布衣，袖肘以三道黑布镶衬，内着白色衣，领围胸襟露出白衣，额部以白巾交叉而缠，穿青黑色斜襟长衣，下着百褶花裙，凡领边、袖口、围腰都以五色丝线镶绣，以宽约5寸，长达丈余的青黑缠头，突出的白色在于裹白布绑腿。

短裙苗少女服饰

苗族服饰丰富多彩，样式色调繁多，且以色彩艳丽而出名。《后汉书》《晋记》描述为五溪蛮"好五色衣裳"，而唐朝诗圣杜甫则描述为"五溪衣裳共云天"。

苗族服装大多遍施图案，刺绣、挑花、蜡染、编织、镶衬等多种方式并用，做工十分考究，令人眼花缭乱。尤其从刺绣图案中往往可能寻出苗族的历史和象征意蕴，云南省文山壮族苗族自治州的"花苗"，在其黑色圆领斜襟窄袖衣的领边、袖边绣有红、黄、蓝、白等花纹，纹路多呈花状、江水状，据说这些花纹象征着苗族祖先所居之地：红、绿波浪花纹代表江河，大花代表京城，交错纹代表田埂，花点代表谷穗。禄劝、武定、安宁大花苗的披肩上绣三道方形图案，与苗族古歌里"格赤尤老练兵场上花三道"的说法正相符，所以，传说它象征古代的练兵场和令旗，披肩两头的花纹代表过去京城的城市和街道。这些服饰的来由，大多与远古九黎蚩尤与黄帝逐鹿中原，战败后从黄河流域退到长江，又退到云贵高原的历史有关。因而，苗族的衣装图案并非每个能织会绣的男女都可以随心所欲地织绣，什么地方饰什么图案，什么图案表示什么，什么身份年龄的人该饰什么图案，都有严格的规定。

苗族百褶裙

苗族妇女大多佩戴手镯、耳环，胸前有大项圈及银锁，有的在项圈与银锁上还垂下长短不同的银质珠穗，显得华贵富丽。苗族服饰由于性别、年龄、婚否等情况而不同，并且有地区差别，但都保持一种苗族从古至今的传统款式。苗族女性百褶裙，图案花纹色彩斑斓，多刺绣、织锦、蜡染、挑花装饰。衣裙颜色以红、蓝、黄、白、黑为主，保持了苗族先民"武陵蛮""好五色衣服"的传统。服饰用料则以居住地出产的原料为主，多以棉、麻、毛等经过家庭手工作坊精编细织而成。

苗族服饰有着独特的民族文化背景。褶裙上的彩色线条，是一条条河流，一条条山路，背牌上的回环式方形纹，是曾经拥有的城市，并有街道、有城墙、有角楼，那披肩上的云纹、水纹、菱形纹，是北方故土的天地和长江中下游一丘丘肥沃的水田。苗族服饰，作为一种存于其文化传统和生活模式的重要构成部分，是历史来源与文化因子在传递、衍化过程中绽开的物质和精神花朵，通过服饰系统将象征符号与意义结合起来并使之意义符号化。

岜沙男子发型

> **知识链接** **百褶裙传说** 百褶裙是苗家妇女的传统服装。一裙数百皱褶，可合拢，亦可伸张，状如雨伞。传说古时候，有一年，大森林朝天洞里住着一个猴子精，它把一个名叫兜花的灵巧姑娘抢到了洞中，兜花想办法逃了出来。在大森林中，衣服、裤子全被树枝挂烂了。这时，她将随身带的一把伞拆开，围在腰上，这样反使自己变得非常漂亮。到家后，她便仿照伞衣的样子，做成了苗家第一条百褶裙，姑娘们纷纷仿制，一直流传到今天。

湘西传统苗族服饰

服饰的类型

苗族服饰,主要以地域而定,根据妇女服饰,分为湘西型、黔东南型、川黔滇型、黔中南型以及海南型等五大类别和若干款式。

湘西型苗族服饰　主要分布在湘西、黔东北、渝东南、鄂西等的苗族地区。湘西苗族地区,清代雍正"改土归流"前,据文献记载,男女均穿花衣红裙,故称"红苗"。"改土归流"后,男性服饰与汉族大致相同,穿对襟短衣,缠头帕,裹绑腿。妇女已由古装红裙改装为裤,着满族式服装,即圆领大襟有袄宽袖衣,宽脚裤,系绣花围裙。衣襟、袖口、裤脚均镶饰花边。上衣外加套坎肩,包头帕,戴银饰。湘西型苗族服饰,分花垣保靖、凤凰松桃、吉首泸溪等三个款式。

花垣保靖式　妇女穿圆领大襟右衽衣,常卷袖,以露出白色花袖套为美。上衣无盘肩花纹,衣襟纹饰多,围绣有龙、凤、花、草、虫、鱼等纹饰的围裙,头戴或黑布帕或白布帕或丝帕。头帕层层环绕呈螺旋状,上大下小,额前绕成平面,后脑绕似梯田形,末挽一道,与额眉齐平。着宽脚裤,裤脚有两道滚边,自下而上头道为花纹,二道为水纹或花带,脚穿绣花鞋。

凤凰松桃式　妇女上衣有盘肩花和两道滚边,衣襟纹饰较少。戴绣花或银片围兜,着绣花裤、绣花鞋,佩戴银披肩及云

苗族围腰

肩。缠花格布帕或丝帕，层层环绕呈筒形，以高大为美。

吉首泸溪式 妇女着立领大襟窄袖短衣，无纹饰，戴挑花围兜。男女均围白布帕，帕角绣青色花蝴蝶，朴素优雅而美观，风韵独具。

清雍正"改土归流"后，苗族基本接受了满汉服饰，但仍有鲜明的特色，如服饰为圆领右衽大襟衣，扩管裤，衣服身腰、袖口肥大，胸前、托肩、袖脚绣花滚边，裤脚宽，裤筒至裤脚有三道纹饰和滚边装饰。

黔东南型苗族服饰 主要分布于贵州黔东南十六县市和黔南的都匀、荔波、三都、福泉，贵阳的平坝、清镇，安顺的关岭、镇宁，黔西南的兴仁、贞丰、安龙以及广西的融水、三江，湖南的靖州、会同县等区域。

黔东南型苗族服饰，男性为对襟短衣或大襟长衫，着长裤，扎腰带，缠头帕。妇女服饰有交领、右衽、筒袖半体衣或大领、对襟、敞胸短衣，内戴菱形胸衬或大襟衣，穿百褶裙，裙长短不一，佩戴各式围腰和绑腿，个别地区着裤，各地发髻有较大差异。

黔东南型苗族服饰的衣料，多为自织自染的或青色或咖啡色或深蓝色或褐色棉布，像黑色，故文献称着黔东南型服饰的苗族为"黑苗"。黔东南苗族擅长制作亮布。黔东南型苗族服饰的制作，广泛运用刺绣、挑花、蜡染、编织技术，讲究技艺，图案以

出售银饰的苗族妇女

动、植物花纹和几何花纹为主。清水江流域的苗族妇女以红、绿色为主，色彩浓艳。都柳江流域及黔中、黔西南以蓝、绿色为主，色彩庄重典雅。苗族妇女皆蓄发挽髻，用布包头或戴银牛角或插银花。黔东南型苗族服饰分为台江、雷公山、丹寨、丹都、月亮山等五种款式。

台江式 妇女服饰多为交领、右衽，少数为左衽，筒袖半体衣，衣领与襟伸展几成直线，后襟比前襟略短，着中、长百褶裙，系围腰，裹绑腿，穿绣花鞋，佩戴多种银饰。

◀ 黔东南雷山台江苗族老年服装

台江式有台拱、施洞、黄平、西江等亚型。台拱型为大翻领、右衽，着百褶长裙，衣服前后各有12个方块银片并垂饰小银链、铃铛，戴手镯、耳环、戒指，头饰为棕把式发髻或戴银凤冠。施洞型是大翻领、右衽，衣服以大红、青为主，着中、长百褶裙，前后有围腰，头饰盘发髻，包格子帕，其银饰与台拱型相同，穿绣花鞋。黄平型妇女服饰着丝织布中、长百褶裙，裙脚花边考究，盛装用小人花、颗颗花图案装饰，花边由几层组合，以绣、织相结合，绣工细，多用丝线，花色以红为主。西江型衣服为交领左衽，右衽为寿衣，衽边、双肩、两袖均有花饰，衣前脚为交叉角，衣后脚与袖平齐。袖口处缀银饰，衣角镶银片。着青色百褶长裙，裙长至足背。百褶裙分上、中、下三段，饰以荷花、菊花、喇叭花、萝卜、辣椒、番茄、蝴蝶、蜜蜂、鸟虫、水纹等花纹图案。百褶裙外挂花条裙，亦分上、中、下三截，上、下截长度相等，中节短。花条裙上节为黑绒底绣花，中节为绿底绣花并以各种图案装饰成上下衔接的椭圆形，下节为红底绣花，缘脚有黑绒花饰并镶金边。盘发髻，缠装有银饰的红布，头后插银梳，两侧插银花，头顶戴银冠，插银角。项戴银项圈、银压领。穿绣花鞋。

▲ 苗绣龙凤呈祥

雷公山式 为短裙苗支系服饰。妇女服饰有盛装、常装两种。盛装是大领对襟衣，常装多为圆领大襟短衣，纹饰多为几何图案，着短裙，系围腰。有些地方系后围腰，包头帕。盛装着银衣，戴项圈、银耳环、银冠。

丹寨式 妇女服饰为青色大襟衣，宽脚裤。已婚妇女着枇杷襟短衣，前后都系围裙、花带或银链。盛装为大领对襟衣，衣短袖肥，有花饰。男装为花椒布上衣和宽裆裤。丹寨式妇女服饰，以蓝靛布为料，衣襟下部、肩部、背部有花饰，用近似色相或相关色布块拼连缝制而成。背部、胸部用呢绒色布块贴缝成三角形图案。衣袖、领口、背、腰用挑花、刺绣装饰，衣袖镶涡纹蜡染图案。

丹都式 妇女服饰分常装、盛装。常装为大襟右衽短衣，环肩、襟边、袖口镶花边。盛装为左衽衣，以亮布为料，领口略呈梯形，环肩、衣袖饰传统涡纹，肩部、领襟和后腰飘带以红布为底，绣以花枝、鸟蝶变形图案。着长裤，套长裙，花饰多用云纹图案。蓄发挽髻，头包方帕，呈尖帽状，系花带，插山字形银头饰，戴手镯、银项圈。

月亮山式 妇女服饰有三种款式，一为大领对襟衣，着藏青色百褶裙，平时穿宽脚半长裤，戴腿套；二为对襟衣，着百褶裙，裙前用青布与蜡染花布间道拼成，裙后为青色；三为大襟衣，着裤，挽发髻，节日佩戴银饰。男子装为交领对襟衣，宽脚裤，头包青布。

月亮山式服饰，较有特色的是贵州榕江、丹寨等县的"百鸟衣"古装。衣服有两种款式，一种是衣服通身绣花，图案多为

百鸟衣传人

▲ 锦鸡裙

蝶、鸟、龙、凤等形象，造型生动，纹样古朴美观；另一种是衣服肥大，衣料多用绿缎，纹饰图案繁缛，背部及衣袖上部缀有可动性花帘、花边。妇女着裙，裙侧开，分前后，前裙、后裙皆由8~12条绣花带组成，每条绣花带图案各具特色，花带下端皆缀以白色的羽毛。衣裙搭配，谓"百鸟衣"。

> **知识链接** **"百鸟衣"传说** 在苗族地区，流传着一个凄婉动人的故事。相传很久以前，一个勤劳勇敢的孤儿，无意中得一绝色佳人为妻，夫妻恩爱，但因妻子太美，丈夫看不够而不认真劳作，于是妻子将自己的画像给丈夫天天带去犁田，以借思念。有一天，风把画像吹飞，落到过往官兵手里，官兵把画像献给皇帝，皇帝见画像中的人国色天香，欲霸占，派官兵四处搜寻，抢走美丽的妻子，到了京城，面对皇帝，她从来没有一丝笑脸。妻子临走时，告诉丈夫上山打百鸟，做成百鸟衣，丈夫顺妻子一路撒下长出的麻去找妻子，到京城，看见百鸟衣，一直愁眉紧锁的妻子笑逐颜开，皇帝为博得美人欢心，要求换衣。皇帝穿百鸟衣，丈夫穿龙袍，然后丈夫指挥护卫杀死皇帝，夫妻团聚。因百鸟衣帮助善良的人战胜了邪恶势力，所以象征吉祥好运的百鸟衣流传至今。

◀ 百鸟衣

长角苗服饰

川黔滇型苗族服饰 主要分布在川南、黔北、黔西北、黔西、黔西南、滇东北、滇中、滇东、滇东南、滇西南、滇西、滇西北以及桂西北。妇女服饰多为大襟或对襟短衣，着中长裙，系带多层飘带的腰带，衣料均以麻布为主，现代以来，以棉、绸为衣料增多。服饰色彩较浅，以挑花、蜡染为主，花纹多为几何纹。服饰和发型多种多样。妇女头饰主要有三种：一为缠布帕或巾，二为掺假发盘头，三为盘发别木梳。银饰较少或基本无银饰。男装为对襟式大襟长衫，佩绣花披领或花披肩，现已极少。川黔滇型苗族服饰分古蔺、毕节、织金、安普、江龙、昭通、开远、丘北、马关等九个各具特色的亚型式。

古蔺式 妇女服饰为着青色对襟或大襟衣，穿蜡染绣花桶裙，戴梯形长围兜，束织花腰带，裹绑腿，缠头帕。男装为青色大襟长衫，高衣衩，有的缀有长方形绣花披领，缠头帕。头帕、腰带男女通用。古蔺式服饰衣料为青色麻布或棉布。

毕节式 以牛角大木梳做头饰为标志，妇女服饰衣服通常为对襟无扣通体衣，披花披肩，着多节装饰百褶裙，盘假发戴牛角形大木梳，形似黄牛的双角。以头发绊假发缠木梳固定于头。戴牛角形大木梳是"木梳苗"的显著特点，因木梳长，又称"长角苗"。

歪梳苗头饰

织金式　妇女服饰上装为交领偏襟绣花短衣，下装为百褶长裙，分常装、盛装。常装质料多为麻布或细布，盛装多采用丝线、绸缎。服饰制作为蜡染、镶花、刺绣等工艺交替使用。花纹以云纹为主，间用白线、曲折纹样及花草纹样。头饰多在右侧或顶部绾髻，并插一把木梳固定，称"歪梳苗"。代表性的服饰为无扣对襟大领衣，领边绣花，衣袖绣各色花纹，系花围腰、白腰带。腰带垂至膝，着长花裙，裙中、裙上各绣两道花纹，头戴黑帕。

安普式　苗族妇女服饰以红布为衣，绣金黄色花纹，着长裙，不系围腰，衣前摆、后摆均置于裙外。裙展开为长方形，盛装时打褶，系腰带。

昭通式　属大花苗支系服饰。妇女着白麻布无领对襟短衣，外饰方形大花披肩，束白底蓝花蜡染中长褶裙。大花披肩以形体大而厚者居多，亦有披肩较小者。若为小披肩，则上衣两肩处再缀花袖臂。未婚女性梳辫缠头，已婚女性则盘髻于顶，插梳。男装着麻布长衫，无领无扣、衣袖肥大，袖口有蜡染图案。头包白帕，披肩与花袖臂同女装，着裤。

昭通式苗族颇具特色的头饰

滇西苗族妇女传统服饰

开远式　妇女服饰衣服为交领右衽窄袖花衣，着蜡染百褶裙，系花围腰、花腰带，绑裹腿，头缠青帕或绣花巾。贵州安龙、盘县的通体女装为古装。衣服前襟长至足面，两侧自肋下开衩，穿时将两襟交叉向后拉紧，披在腰后，系又宽又长的黑布围腰，再束绣花宽腰带，衣服后摆过臀，垂于裙外。而贵州普定、六枝、织金的服饰更为古朴，衣服为大领对襟，前襟短，后襟长，两袖、前胸、后背满饰蜡染花纹或挑花图案，后腰以下为挑花片，垂于裙外。青色的百褶裙以数条横向彩纹作装饰。围腰以羊毛毡或麻布为料，青色无花纹。

丘北式 妇女服饰为着后披领对襟短衣，穿蜡染或白麻布百褶裙，系长围腰，扎腰带，裹绑腿。盛装的翻襟缀有挑花饰。蜡染裙尾有红、黄色挑花饰缀，系长围腰和挑花飘带。

马关式 妇女服饰为穿大襟右衽短衣及蜡染百褶裙，系围腰，垂飘带，裹绑腿。衽边、环肩、衣袖有几何纹图案，花袖以麻布或棉布为料，裙尾或挑绣或镶贴花纹图案。戴青帕圆盘形头饰，帕可达长数十米，盘成圆盘的青帕外饰缀须穗绣花带。银饰仅有手镯、耳环。

黔中南型苗族服饰 主要分布在黔中、黔中南部及桂西北、滇东南，以黑、白、蓝色线绣衣裙或蜡染。大领对襟开，百褶裙，包头帕或头巾，髻发。苗族妇女服装款式多为交领对襟衣，中长百褶裙。衣服附配披带、背牌、多层衣脚。头或缠布或戴帽或包帕。银饰有项圈、头簪、手镯、耳环。男装为大襟长衫，系腰带，着长裤，节日穿女式花衣和围裙，说明以前男女同装。黔中南型苗族服饰分罗泊河、花溪、南丹、惠水、安顺清镇、镇宁安顺等六种款式。

罗泊河式 妇女服饰为着对襟交领青布夹衣，围白底蜡染棉布或麻布细褶裙，系腰带，裹青色绑腿。未婚女子戴花帽，已婚

跳花节吹芦笙的男人们

女子包蜡染头巾，巾外系白丝带，老年妇女服装尚青色。以贵定县云雾山服饰较具代表性，妇女着交领右衽衣，衽、袖沿有两道栏杆花边，着裤，系前、后围腰，前围腰长，后围腰短，前围腰下沿与裤脚齐，围腰叉口呈三道白栏杆花边。头饰是圆盘大包头帕，分内、中、外三层，内层包红、蓝、白三色彩条布，中层包白布，外层包黑布。包头帕两头有彩色线边露于盘帽两边。罗泊河式服饰的特征是"贝盘"。"贝盘"即是中间分开两头相连的花带，将"贝盘"戴于衣领，前后垂直，前端系于腰间，后端悬吊于后背齐腰，并缀钉海贝，故名"贝盘"。故该支苗族称"海贝苗"或"海蚆苗"。

黔中南苗族服饰

> **知识链接　海贝苗的美丽传说**　云雾山盛产云雾茶，又称"鸟王茶"。唐朝时，皇帝向苗民征收"贡茶"，各级地方官也趁机勒索"敬茶"，一年比一年催逼得紧，弄得民不聊生。当时，云雾山鸟王寨的义莎、义耶两姊妹，她们不仅长相漂亮，而且武艺高强、足智多谋，很受苗民敬重。皇帝怕她们领导苗民抗交贡茶，派官兵来围攻苗寨，"剿杀"义莎、义耶，以便多征"贡茶""敬茶"。苗民拥戴义莎、义耶姐妹起义，与官军展开英勇斗争，连连获胜，皇帝调援军围困"鸟王寨"，最终因力量悬殊，苗民起义遭到镇压，义莎、义耶两姐妹遇害于朗河岸边的"鸟王洞"。义莎、义耶带领苗民反抗官兵保护"鸟王茶"的事迹，很快在云雾山中传开，尽管义莎、义耶已经被杀害，但人们认为义莎、义耶没有死，而是变成了龙女，而且，有一天义莎、义耶还回到了"鸟王寨"。大家发现义莎、义耶都穿着用五丝线织成的背牌。背牌分两半开，一半在胸前，一半在背后，背牌还挂着银铃、缀着海贝。大家请义莎、义耶跳芦笙舞，众人分成两排，一排在前，一排在后，一边跳舞，一边暗暗记住义莎、义耶背牌的图样、花纹。此后，云雾山的妇女都穿戴背牌，遂成"海贝苗"。

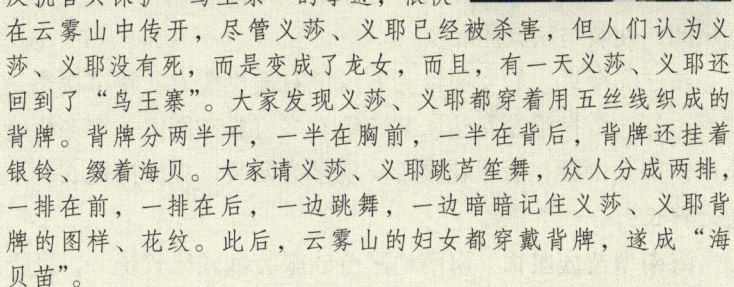

海贝苗

花溪式　妇女服饰清雅、古朴，有两种，一种是前短后长的贯头衣，称"旗帜服"，花饰多，佩花披带。另一种是通身素净，衣长及胫，系头带、包帕，发式为绾顶髻和辫发盘头；也有自髻后向前斜插数根银簪并饰银花者；亦有横插扁形骨簪者。男子盛装着长衫，系花围腰及饰花披带，常装与汉族同。

南丹式 妇女服饰为贯头衣,穿百褶裙,系围腰,裹白土布绑腿。挑绣与蜡染兼用,风格粗犷质朴。女青年梳髻于额顶,戴银项圈、银手镯。

惠水式 妇女服饰为交领短衣,有或长或短或宽或窄的衣袖,饰背牌,着青色中长细褶裙,头饰有圆盘形、橄榄形等。惠

黔中南苗族服饰

水、平塘交界地带,妇女以银饰、海贝做头饰。贵阳花溪服饰为内着有领对襟衣,外套红、蓝、绿色对襟衣,系围腰、围裙。围裙沿以红为主的红、蓝、绿三色图案,称"红毡苗"服饰。头饰为黑布帕缠头,包帕前后交叉缠绕,在头上部形成明显的大十字,称为大叉头帕型。戴长银钩或银灯笼耳环。

安顺清镇式 妇女服饰为着大领对襟衣,衽边、衣袖、后背、下摆均方纹饰,穿细褶裙,系绣满图案的围腰,裹绑腿,戴头帕式帽。银饰有项圈、银锁。男装盛装为蓝布长衫,系腰带,戴项圈,便装与汉族同。

四印苗服饰

镇宁安顺式 妇女服饰为着深色右偏襟短衣、腰窄摆宽,呈扇形,衽边、摆沿镶花边,袖腕绣有多行彩布图案,穿多褶蜡染长裙,前系围腰,后垂花腰带。现多为便装,穿大襟短衣,系胸兜,着长裤。

海南型苗族服饰 海南地区苗族服装款式比较统一,且受当地黎族服饰的影响,妇女服饰为深蓝色圆领右偏襟长及膝长衫,仅一扣,无领,着蜡染短裙,以黑、红色为主,花纹较少,腰系丝织腰带或彩带,束发,包绣图案花纹的头巾,一角垂于额前,外面再盖一条绣有花边的尖角头帕,套上一条红带子垂在背后,或覆盖顶部留有圆洞的巾帽。妇女银饰少,只戴耳环、手镯。男装为青色立领枇杷襟短衣,着长裤,缠青布头巾。

海南吊罗山的苗族服饰

花衣苗、青衣苗、喇叭苗服饰

花衣苗 分布湘西南的靖州、会同毗邻地带。妇女头盘花辫，戴花头帕，衣的胸前、袖口和裤筒均滚边绣花，系围裙，腰系自织花带，足穿绣花鞋，鞋尖上翘。姑娘头戴银帽，辫上插银簪、银花、银蝶，耳吊银环，颈戴项圈，胸挂香花、香包，手戴银圈，指戴银戒指等。中老年妇女长发挽髻，插木梳或银梳，包锯齿花边、长丈余的青色头帕，穿开襟右包无领敞胸带子衣，围青色花边内胸兜，束腰带，脚穿勾勾花鞋。

青衣苗 分布在湘西南城步、绥宁与广西龙胜毗邻地带。妇女服饰喜浅蓝色满襟衣，衣襟无花边，无领，长及膝，发挽髻，不包花帕，头上银饰较少，一般于髻上直插一支较大的挖耳式银簪。盛装时，少女以红毛线或麻线及假发夹入发中编成长辫，缠绕于头部周围，戴银项圈、银镯等，已婚妇女则挽髻于后脑，穿勾勾花鞋。

喇叭苗 来自宝庆，分布于黔中南与黔西南毗邻地带。妇女着贯首式大袖长衣，右衽，袖宽而短，衣长至膝，分前后两片，衣袖和衣前片分别饰有彩色花带，袖镶三条花带，一宽两窄，宽者居中，

喇叭苗服饰

窄者居两侧，互为映衬；穿青色摆裆裤，系白色或青色布腰带，结前垂尾于身后，脚穿翘头绣花云勾鞋，头戴白色或青色头帕。妇女服饰长幼有别，少女的头帕和腰带都用白布，将头发编成辫，垂于背后或平盘于头顶，戴白布头帕；已婚妇女通常为青色，头饰通常用布锭将长发缠绕成锥状，然后佩戴青布头帕，留两尾垂于脑后，称"尖尖砣"，戴耳环。

饮食：食五谷，品六味

苗族的饮食习俗各地有不少共同性，但因生存环境和经济发展水平不同，地区之间的饮食存在较大差异。

主食

苗族虽是农耕稻作民族，但因迁入山区和高原地带以后，山多田少，除部分平坝或河谷以大米为主食外，大多数地区都主要吃玉米、红薯、马铃薯、薏米、高粱、粟米等杂粮。清乾隆段汝霖的《楚南苗志》载：

各属苗人亦有娴习水耕之处……而日食亦多用杂粮。所获稻谷，大率负至集市易换盐布也。苗人正月砍山，三月初旬种

◀ 玉米丰收

苞谷、薏苡、旱禾，下旬种椿子、高粱，四月种粟、芝麻。

"改土归流"前，多数苗族地区的水田多种糯稻，故所食用的大米以糯米为主。湘、黔、桂苗族地区喜欢吃乌米饭、粽子。黔东南苗族地区则经常用野生植物的花、叶染成五颜六色的糯米蒸成饭，称"姐妹饭"，在过"姐妹节"时吃。

▲

五色姐妹饭

糯米饭 清乾隆《贵州通志·苗蛮》载："黑苗""唯食糯米，舂甚白，炊熟必成团冷食。佐食惟野蔬。无匙箸，皆以手掬"。至道光《黔南职方纪略》载，"黑苗""食惟糯米，舂之甚白，炊熟成团，以手掬食"。所谓"黑苗"，主要是分布于清水江、都柳江流域的苗族。明清至民国，黔东南苗族地区以种糯稻、食糯米为主，但国民政府于黔东南、黔南推广籼稻栽培技术后，由于糯稻产量低，苗族才逐渐以栽种籼稻为主，兼种植糯稻，使主食结构发生一些变化，平时以籼米为主食，但糯米饭也时而食之，颇显珍贵，特别是年节之时或贵客来访，都会煮糯米饭；年节祭祀和祭祖活动，都须以糯米饭献祭，认为神灵和祖宗原来都是吃糯米饭的；姑娘出嫁、儿子接亲、新娘回门、走访重要亲戚等，均须带一定数量的糯米饭做礼品或做路上食物、盘缠，当然这最主要是因为糯米饭不易干硬、不易变馊，冷食松软绵长、清香可口。

> **知识链接** **特别的稻谷——摘糯** 由于长期种植糯稻和食用糯米，黔东南、黔南苗族地区培育出一种特别的糯稻品种，称"摘糯"。这种糯稻，能适应高山水冷的环境，稻穗粗大，粒谷带须，颗粒饱满，不易脱粒，收割时用剪禾刀摘取稻穗挑回晾干后，才以连枷打击脱粒。"摘糯"米饭极香。

◀ 摘糯

糯米粑粑 明代嘉靖《贵州通志·风俗》记载，"葛彰司苗人"有丧，则"屠羊豕、舂米糕"。清乾隆段汝霖《楚南苗志》记载，湘西苗族椎牛祭祖时，须"列米饼"以祭祖先。所谓"米糕""米饼"，即是糯米粑粑，又称"糍粑"。据凌纯声、芮逸夫《湘西苗族调查报告》记载，湘西苗族凡在火塘边祭祖，"打乾锣"祭鬼，请苗巫"洗屋"等都须以若干堆"粑粑"做祭品，而

▲

糍粑

► 舂糍粑

▲ 舂糍粑工具碓臼

"接龙"时用做祭品的粑粑更为讲究，分为"雷粑""龙粑""客人粑"三种。云南各地苗族过节时，尤其是过春节时，都要舂粑粑，还要特别舂"鬼粑粑"，在大年初一或初三送祖先返回墓地或去踩花山时做祭祀之用。可见，无论是坝区、河谷，还是山区的苗族都有用糯米粑粑做祭品的习俗，说明苗族是稻作民族，不管是后来迁移到何种地理环境，他们都不曾忘记曾经的稻作文化，只是所处的地理环境不同，在习俗上会有一些差异。如，湘西、湘西南苗族凡遇年节、重大祭祀活动，都少不了糯米粑粑，过年、婚庆要舂粑粑或送人，或自食，庆鼓堂、"跳香"祭五谷神、还傩愿、椎猪等都得制备粑粑献祭。而湘、黔、川、滇等山区、高寒山区的苗族，以前由于无糯米，则以糯玉米或糯苋菜籽做粑粑献祭，当今粮食富足且市场活跃，可于集市购买糯米，得以糯米粑粑献祭。

> **知识链接** **糯米粑粑的制作方法** 先将糯米泡透滤干，放入木甑蒸熟，趁热将糯米饭倒进石槽或石臼舂，以饭粒全茸为佳，然后用手掬成团，于案板或圆箕压成圆形，晾干后，置阴凉处存放，若须长时间保存，则可用冷水浸泡，并时常换水，随时取出或煎或烤而食。有些地方的苗族，打粑粑时，先做个大如磨盘的粑粑，俗称"母粑粑"或"粑粑娘"，然后再做如小碗口般大的"子粑粑"。川黔滇苗族用来在春节后祭祖用粑粑，通常要在"母粑粑"上压一个"子粑粑"，这个"子粑粑"称为"粑粑头"，祭祖即用这个"粑粑头"。在一些苗族地区，用于送礼的粑粑，往往还要在粑粑的圆心点上品红，以示吉祥如意。

籼米粑粑 籼米粑粑，在江南叫"年糕"，在滇西叫"饵块"。如果说在湘、黔等苗族地区以糯米粑粑为重的话，而云南苗族地区则以籼米粑粑为重，但籼米粑粑不用于祭祖，只用于自食或馈赠。籼米粑粑除了春节必做之外，平时好友来访，特别是舅爷来访通常要舂籼米粑粑馈赠，一表尊重，二表亲情。籼米粑粑可煎、烤、炸、煮、凉拌而食，短期储藏可置阴凉处，而较长时间储存则以冷水泡并时常换水。

春年糕

籼米粑粑的制作与糯米粑粑的制作相仿，先把优质籼米泡透，再用木甑蒸熟，掏出汾水滤干，再蒸透，若以机器打，则可一甑倒入机器的漏斗，待出粑粑，即可按粑粑稠的长短截取，以手压成椭圆体或不规则的长方体即可。在没有机器之前，一般是以人工或石槽或石臼舂制，通常按粑粑稠的大小分次舀入石槽或石臼舂，因籼米饭易凉，籼米粑粑也易凉，要是舂的量大，而来不及揉成粑粑稠的话，就不能成其为粑粑，就只是被捣茸了的籼米饭。

玉米饭、玉米糊、玉米粑粑与玉米炒面 玉米是美洲印第安人培育的粮食作物，产量高，环境适应性强。玉米自引进中国以来，成为无稻作种植地区的主要粮食作物。半山区、山区、高寒山区的苗族，也把玉米作为主要的粮食作物，也就成了川黔滇桂边区苗族的主要粮食、主食。玉米相对于稻米、麦面而言，是杂粮。

玉米饭 苗族对玉米饭的制作，与其他民族有所不同，一般而言，以玉米饭为主食的民族，大多数民族制作玉米饭只将玉米面和好蒸一道即成，而苗族要蒸两道，第一道是将玉米面和好，不能干，也不能湿，入木甑蒸熟，倒入圆箕，以手汾散，待凉，以凉水汾之，汾之多少，以不干不湿为宜，稍晾，再入木甑蒸透，即成不散不黏、极富弹性、松软清香的玉米饭。苗族制作玉米饭要花两三

苗族白玉米饭

知识链接 **汾饭** 汾饭是玉米传入苗族地区后,苗族人民经过长期实践获得的做玉米面饭的一种技能。苗族地区做玉米面饭要经过两道工序:第一道工序,苗语叫作nzhet hmongd"和面",就是将磨得粗细合适的玉米面于竹编圆簸箕用凉清水和,用双手不断捞底翻搓使玉米面充分散开并充分吸收水分,稍晾后放入木甑蒸熟。第二道工序,苗语叫作faob juas"汾饭",就是把第一道工序蒸熟的玉米面饭翻倒入竹编圆簸箕,趁热用相关工具把玉米面饭弄散,待稍凉,用双手再不断捞底翻搓,使玉米面饭充分散开,然后,用凉水淋洒玉米面饭,用双手再不断捞底翻搓,使玉米面饭均匀着水并充分吸收水分,稍晾后,再入木甑蒸透,即成不散不黏的、极富弹性的、松软可口的玉米面饭。

汾饭

和面做玉米面饭

个小时。

玉米糊 通常是在来不及蒸玉米饭时或荒年或特别状况下食用。荒年时吃玉米糊主要是为了减少粮食的消耗,也以便放入野菜。玉米糊的做法是把去麸玉米面分批次放入滚开水,用食具不断搅动使玉米面不致成坨,待熟即可,可稀可稠。稠的玉米糊待凉凝结,亦可做成玉米凉粉。

玉米粑粑 做玉米粑粑有多种情况。一是没有稻米做粑粑,而代之的一种做法,通常用糯玉米,亦须石槽或石臼舂,做法与苗族做玉米饭程序一致,只是多了舂的程序。多用于春节祭祖之用。二是阳春三月,可食野菜丛生,特别是火草,摘取鲜嫩火草拌以玉米面蒸熟,入石槽或石臼舂制,即成草绿、清香的玉米粑粑,大概是以前荒年的做法,现也有为尝鲜而制作者。三是玉米成熟浆未干之时,采足量青嫩玉米用石磨磨成浆,掬成饼,以阔树叶、芭蕉叶、竹叶、粽粑叶等盛之,置于蒸笼或蒸屉蒸熟,即成清香、甘甜的玉米粑粑。

玉米炒面 制作玉米炒面也有多种情况。一是为了方便,把收获的玉米炒熟,用石磨磨成炒面,随身携带,食用之时,以生水调和即可食用。二是川黔滇桂边区苗族地区女儿出嫁后的一个月左右要回门看父母、兄弟姐妹、亲戚朋友,除了必备的酒水外,还要备办炒面,玉米炒面是炒面中的一种,回门时分别带给

▸ 火红的生活

独立门户的父母、兄弟姐妹、亲戚朋友各一袋，大约一升，以示安慰和慰藉。三是在20世纪80年代以前，市场不昌盛、交通不便，苗族走亲访友或寻根问祖皆以脚力，若路途遥远，有一餐须在路上吃，故需准备炒面以解饥饿。

麦饭、麦粑粑、麦炒面　麦包括大麦、小麦、荞麦。荞麦又分甜荞、苦荞。川黔滇桂边区的苗族由于地理环境所限，除主要种植玉米外，还种植麦类。

麦饭　麦面做饭，虽然皆为面粉，尽管程序上与做玉米饭的程序一致，但方法不同。做麦饭，要先将麦面和好，然后放在圆簸箕里搓，把面搓成疙瘩，疙瘩越细越好，搓好后放入木甑蒸熟，进行汾饭，再蒸透。要搓成疙瘩的原因是麦面较为细腻，不搓成疙瘩就做不成饭，即便做出来，既不像饭，也不像粑粑。在川黔滇桂边区的苗族中，如果不是荒年，通常不吃麦饭，原因是做麦饭费时费力，搓成疙瘩的麦饭也不易于消化。

麦粑粑　其实就是北方的馒头或发糕之类。苗族做麦粑粑主要有两种方法，一种是把麦面和好并"发"好，捏成粑粑状，垫以阔树叶或芭蕉叶或竹叶置于木甑或蒸笼或蒸屉蒸熟即可，这种做法适用于所有的麦类。另一种是把麦面和好并"发"好，捏成粑粑状置于滚开水中煮熟，是苗族自创的制作麦粑粑的方法，这种方法只适用于荞麦类，荞麦面的凝合力较强，置于水中煮不会散，而是越煮越紧，特别是苦荞，通过水

磨玉米面

煮可去除部分苦味，而食之甘苦回味无穷。

麦炒面 制作方式及制作原因，与制作玉米炒面一致。

薏米饭与薏米粑粑 在苗族地区所产粮食作物中，还有一种特产，即薏米。在滇东南、滇西南、桂西北苗族地区随处可见，果实椭圆，果仁即薏米，可与稻米掺杂煮饭食用，亦可单独做成薏米饭，营养丰富，亦可入药，滋补健身。

滇东南苗族地区种植薏苡有两种情况，一种是用来做粮食，一种是用薏苡果来做装饰品。薏苡果椭圆如珠，掏其芯即可穿成珠串，可做耳饰，故苗语中又把薏苡果称为"耳环果"，亦可做围腰、服装、头帕坠饰，随着玻璃彩珠或塑料彩珠流行于市，滇东南苗族已基本不用薏苡果串成珠穿做饰物，而代以玻璃珠或化纤珠。做粮食，一如高粱米和稻米一样，可以做成薏米饭，亦可做成薏米粑粑，其做法与做稻米饭、稻米粑粑一致。

除以上主要粮食作物制作的主食外，在自然环境条件较差的苗族地区或者灾荒之年，一些苗族地区，也以洋芋、苋菜米等为主食，洋芋主要是煮或烧而食之，而苋菜米的做法，跟做麦饭、麦粑粑的方法一致。

副食

肉食 苗族的肉食多来自家畜、家禽饲养，以猪肉、鸡肉为主，由于牛羊饲养成本高，苗族偶食牛羊肉；鸭鹅肉苗族也不常食，主要是因为鸭鹅肉不如鸡肉鲜美，又因为鸭鹅为外来物种，

> **知识链接** **花江狗肉** 花江狗肉,出于贵州关岭花江,故名,有一百多年的历史,是贵州美食特产之一。有俗话谓:"十月有个小阳春,花江狗肉胜人参。"花江狗肉吃法讲究,把炖好的狗肉切成片或块,用碗装好,将滚烫的原狗肉汤冲进碗内,加入姜、葱花、胡椒粉、芫荽等。再给一盘佐料丰富的辣椒蘸水,边蘸边吃,又烫又辣,又香又麻,清爽可口,味道鲜美。花江狗肉有强身补气、止夜尿的作用,对高血压患者有降低血压的功效。
>
> **砂锅焖狗肉** 砂锅焖狗肉,是云南文山一些苗族地区特制的风味菜,焖好的狗肉色泽金红,香味扑鼻,汁浓味厚,酥烂醇鲜,有避暑驱寒功效。

所以苗族饲养不多,而且苗族居住的一些环境也不便养鸭鹅。川黔滇一些苗族地区喜欢吃狗肉,狗肉性热,有暖腹健胃、强食滋补的作用。云南一些地方的苗族吃狗时,先将狗用棒敲晕放血,狗死后,用火烧掉毛,刮洗干净,开膛破肚,收拾干净,狗肝煮熟后用狗胆拌吃,狗肚、肺、肠子煮制后剁细与狗血一起炒,拌入鲜薄荷吃。吃羊与吃狗相似,去羊毛多用开水烫而不是火烧,一些地方苗族生吃鲜羊血,但要拌入熟肝、肚、肠及佐料。苗族吃羊肉通常是清炖,而吃狗肉既可清炖,亦可黄焖,较有名的做法是花江狗肉和砂锅焖狗肉。

苗族擅长狩猎,猎物也是重要的肉食来源,包括飞禽走兽、鸟雀鼠狸、虫鱼蛙蛇都是猎物和肉食补充的对象。苗族狩猎极讲究轮狩,也讲节令,捕大不捕小,捕这山不捕那山,动物繁育期不捕,不存在乱捕滥杀现象。近30年来,随着国家野生动物保护法的实施、猎枪的清缴和肉食的丰富及生态环境意识的增强,绝

> **知识链接** **炒香虫** 苗族因居住在丛山峻岭,溪坎堰旁。这些地方都自然栖息着各种虫类,苗族选取其中的少部分作为副食品,如大马蜂、花脚蜂、七里蜂、小米蜂的幼虫。苗族对蜂类巢穴的找寻有特别经验,只要发现工蜂觅食,可通过放飞追踪或晨曦夕阳观测找到窝巢,然后揣测蜂蛹的成长状况,待蜂蛹丰满吐丝时,用烧或熏的方式烧死工蜂或熏死工蜂获取蜂蛹,对蜂蛹的烹制或鲜炒或煲汤或焙干香炒,其味皆特别鲜美。其他昆虫类如蚱蜢、天牛幼虫、蜻蜓幼虫、水蜈蚣等皆可食用。蜂蛹也好,其他昆虫也罢,都可以做成苗族的名菜炒香虫。

炒香虫

大多数苗族地区已经不再有狩猎活动。但捕食昆虫的现象仍较多,其中炒香虫就是一道佳肴。

苗族肉食的烹制以煮、炖、炒为主。一些苗族地方喜欢烤食荤菜,如香茅草烤鱼,就很有名,将巴掌大的鲜鱼剖洗净,用葱、姜、蒜、辣椒、花椒、油、盐等调成酱状物,塞入鱼腹,外裹香茅草,文火烘烤而成,皮黄骨酥,别有风味。

以前没有冰箱冰柜,苗族对肉类、蔬菜的保存,普遍采用腌制法,蔬菜、鸡、鸭、鱼、肉都喜欢腌成酸味的。苗族几乎家家都有腌制食品的坛子,统称酸坛。蔬菜也可煮至半熟,泡酸后捞出晾干,以备他日之需或旱季无蔬菜时食用,类似霉干菜。苗族大多会制作辣椒骨,既可佐餐,也可做调料。其做法是以剁碎的猪骨、辣椒面、姜茸、盐、米酒等掺和腌制而成。鲜辣甜酥,香味浓郁。

由于居住环境的原因,苗族普遍喜食酸辣味食物,如酸汤、酸菜、酸鱼、酸虾、牛骨酸、猪骨酸、腌猪血等。黔东南、黔南苗族地区有"三天不吃酸,走路打转转"的俗语,苗族家家有酸、餐餐有酸、样样有酸。酸汤是用米汤或豆腐水,放入瓦罐中三至五天发酵后制成的,可用来煮肉、煮鱼、煮菜,亦可做饮料。贵州大多数苗族多吃酸辣汤菜,与历史上受缺盐之苦有关,也与食物保存有关,经常要腌制酸菜,较有名的如盐酸菜、糟辣椒、酸辣椒等。以各种蔬菜、辣椒、糯米为主料腌制的酸菜,可生吃,也可熟食。酸汤煮鱼是黔东南苗族的风味名菜,就是用酸汤煮制鲜鲤鱼。滇东南的一些苗族也喜欢用嫩玉米或竹笋加米汤

知识链接 **酸汤鱼** 苗族地区各民族人士颇为喜爱的一种美味佳肴,它虽没有经过厨师精细地烹调,也没有费一滴油或更多的配料,但却以鲜、嫩、香、美为特色而名享天下。苗族的酸汤,有糟辣酸、番茄酸和米汤酸多种,煮鱼前,将适量的酸汤放入锅中或铁鼎罐中煮开后,便把一条条活鲜鲜的鲤鱼,取出苦胆肠杂后,随即放入滚开的酸汤里,鱼还在活蹦乱跳,待快熟时,放入适量的盐、姜、蒜和鱼香菜。吃时须蘸着放有盐、辣椒、花椒、木姜子油、香蓼、葱蒜等拌好的辣椒水或把这些佐料同鱼搅拌食用,才能感受到酸汤鱼的味道。

酸汤鱼 ▶

放坛中捂酸成酸汤，用酸汤煮食肉类，或与辣椒、盐一起泡饭吃，开胃助消化。黔东南、黔南的苗族善将鱼或肉腊制或腌制，喜欢做酸鱼或酸肉。以前，一些苗族地区，常以酸坛的储量多少来衡量一个家庭的富足情况，就像川西高原的藏族或羌族以猪膘存量衡量贫富一样。腌制是大多数苗族地区存储新鲜肉菜的方式，而用腌制的肉菜烹制的菜肴则另有一番风味。

冻鱼是苗族入冬的时令菜肴。湘西、湘西南、黔东南、黔南一些苗族地区有稻田养鱼的习惯或依山傍水而居，在隆冬季节，从稻田、鱼塘或江河、沟渠里捕来鲜鲤、鲫、青鱼或别的杂鱼洗净去杂，放入清水锅里烧煮。待七八成熟后，陆续掺入豆腐、山药、野生冬菇、生姜及其他调料，继续炖至汤白稠浓，再放入食盐、花椒搅匀，稍煮少许，即连锅一起置于阴冷的凉台，过夜后，就凝冻成一整块，食用时，用铲或刀划成小块，搬上餐桌，其味鲜美可口，如再洒上一点煳辣椒面，其味就更加别致。

腌鱼是一些苗族地区待客的传统佳肴，其色鲜味浓，吃起来爽口畅心。湘西、湘西南、黔东南、黔南一些苗族地区习惯在稻田里放养鲤鱼，收获稻谷时，即收获鲤鱼。苗胞通常会将收获的鲜鱼洗净，剖开取其内脏，然后撒上适量的盐和辣椒粉，再和上花椒面等佐料浸渍，置于烟火烘烤至半干，再抹上甜酒或糯米粉，一层鱼一层甜酒糟或糯米面，装入坛内封严，半月以后就可取出煎吃，也可生吃。若为隔年腌鱼，鱼刺已酥软，鱼肉甜、辣、咸各味兼有，食之别有风味。这种饮食习惯，不仅是一种口味，而其更深的内涵是为了更好地储存稻田收获的鱼，以备在来年稻田养鱼收获前仍有鱼肉食用。

腌肉是湘西、黔东南苗族地区的传统菜肴。这些苗族地区虽为山区，但鲜肉的存储是有困难的。腌肉是将鲜猪肉肥瘦切成片，用糯米粉与适量的盐和辣椒粉，再和上花椒面等佐料放在肉的上面，一层肉一层米粉，放入坛内封好，半月后便可取出炒吃，亦可蒸用，清香可口。这种饮食习惯，也是为了能在一定时间内储存所杀过年猪的肉，以备常年有肉食。

蔬菜 苗族的食用油除动物油外，多是茶油和菜油。动物油主要来自家庭饲养的猪，过年杀猪，将板油、肥肉炼成油，供一

> **知识链接** **玉兰豆腐** 玉兰豆腐是菜豆腐的一种,特别有风味,做法与菜豆腐一致,但豆浆中放入的不是青菜而是玉兰花瓣,这就需要大量的玉兰花,而且季节性很强,只有玉兰花开的时节才能吃到。玉兰豆腐数贵州毕节大南山李大明先生家的最为出名。他早年曾种植了玉兰树,如今可谓参天玉兰,每年采收有不少玉兰花,贵客到时,可做玉兰豆腐招待。

▲

苗族的玉米饭与菜豆腐

年烹调菜肴使用。油茶、菜油也为自种所得,过去多为自己榨取或请小作坊帮榨取,也有用油茶籽、油菜籽换取者。

苗族的饮食中,辛辣味食品是日常饮食不可缺少的,黔桂川的苗族差不多是菜菜辛辣,无辣不成菜,这一方面是生活习惯,另一方面是与当地湿气重、冬天寒凉有关,辣椒可除湿祛寒。

苗族的菜肴种类繁多,常见的蔬菜有自种的豆类、瓜类和青菜、萝卜。高蛋白菜肴为豆制品,大部分苗族都擅长做豆制品,包括白豆腐和菜豆腐。白豆腐精致,菜豆腐以磨细的黄豆,连浆带渣与青菜一起煮,点以石膏或卤水即成。

过去,苗族地区缺油少盐,住在高寒山区的苗族,喜欢用白水将蔬菜煮成淡菜吃。采集野生植物也是蔬菜的重要来源。例如野苋、野椒、牛百头菜、马蹄菜、鱼腥草、水芹菜、野三七、野薤头、鸡窝菜等或煮或炒,可单吃也可与肉一起煮制。

水果 苗族居住分散,各地环境差异较大,可种植的水果也有差异。农田一般插种可生食瓜果类,如黄瓜,而田边地角则栽种桃、李、梨、柿,近十几年来,一些条件好的地方的水果,如桃、李、梨、柿、橘、香蕉、菠萝、枇杷、椰、猕猴桃、葡萄等的种植有较大规模的发展,对苗族地区经济的发展起到积极的促进作用。

饮品

水酒 苗族一般爱饮酒。以前,苗族家庭一般都能自制酒曲,户户酿酒,现在无论是酒曲还是酒水,多为集市采购。苗族酿酒历史悠久,用糯米、玉米、高粱等酿出甜米酒、泡酒、烧酒、窖酒,从制曲、发酵、蒸馏、勾兑、窖藏都有一套完整的工艺。黔西北的咂酒别具一格,以糯米、玉米、高粱、小麦、大麦等封入瓮或坛酿制而成，饮时用竹管插入瓮内，饮者沿酒瓮围成一圈，由长者先饮，然后再由左而右，依次轮转。酒汁吸完后可再兑入饮用水，直至淡而无味时止。咂酒一经开坛，剩酒无论浓淡，均不复再用。

◀ 苗家酒

苗族好客，重情义，讲信用。待客时，男女客人分桌吃，长者先开杯。苗族地区，一家之客也是全寨之客，各家争相宴请，敬酒各地有异，用牛角盛酒敬客，是黔东南、黔南苗族隆重的待客方式，而用一对羊角盛酒敬客则是黔西北、川南一些苗族地区隆重的待客方式。大多数苗族地区一般用碗盛酒敬客。黔东南、黔南苗族地区，遇到过苗年、芦笙节、姐妹节等一类的盛大节日，主寨方家家户户都做迎客准备，将酒放到芦笙场或铜鼓坪上，把客人拥到寨里，由两人举牛角劝饮，鼓乐齐鸣，客人要一饮而尽。客人进家门时要饮"进门酒"，入席时要饮"转转酒""劝杯酒""双杯酒"等，还要唱祝酒歌。桂西北大苗山的苗族待客更热情，若客人赶上田头烤鱼尝鲜时，分给客人的食物必须吃完，不得求助别人，吃到肚胀后才开始喝酒，敬酒必敬肉。

◀ 节日的盛装

油茶 湘西苗族多用油茶待客,做法是把米、黄豆、蚕豆、红薯片、麦粉团、芝麻、糯米分别炒熟,用茶油炸一下,存放起来。客人到来,将各种炸品及盐、蒜、胡椒粉放入碗中,用开水"茶"冲开。客人必须连喝三碗。有的地方,像广西龙胜、融水是另一种做法,即把油、盐、姜、茶同炒,再加水煮沸,滤出渣滓,然后在碗内放玉米、黄豆、花生、米花、糯米饭、豆角、红薯丁、葱、蒜、胡椒粉等,冲入沸茶水。不但喝茶,还要唱茶歌。喝茶时,如果客人不想喝了,就把一根筷子架在碗上即可,否则主人会一直请你喝下去。湘西南绥宁的苗族多请客人喝"万花茶",用冬瓜、橘子、南瓜一类的瓜果雕成花、鸟、禽、鱼等形状,经过数道工序制成香、脆、甜的茶点,饮用时,取几块放入杯中,冲入沸水,即成"万花茶"。

生水 数千年来,苗族日常饮生水,据说是嗜辣太甚,生水可解体内火毒,实则为无条件件,即便是当今的苗族人民,也多饮生水,虽然这种习惯逐渐改变,但有的家庭根本就没有热水瓶,也不兴烧开水,常年四季饮用生水,存在很大的饮水安全隐患。

建筑:诛茅构宇,伐木筑楼

苗族是农耕兼采集渔猎民族,居住环境和生产力状况各地有异,民居古今有别,建筑形式亦不尽相同。苗族民居建筑可分茅屋、土屋、干栏楼、瓦房、吊脚楼等形式。

黔东南、黔南、湘西、湘西南一些苗族地区多为吊脚楼式住房,屋顶为双斜面,顶棚上层贮藏粮食、杂物,吊脚楼下堆放杂物或圈养牲畜。湘西苗族地区也有一些垒石为屋或采用木质结构,双斜面瓦顶或草顶平房,每幢三至五间,偏厦做灶房或牲口圈。黔中南、黔西南、黔西北苗族多为土房或石头房。川南和黔西北的苗族多住土墙草顶或瓦顶的房屋。海南岛苗族住的是长而窄的茅草房,三间一幢,屋檐较长,檐下走廊是休息的地方。黔西北、黔中南、黔北、乌蒙山区、滇东北、滇东南一些苗族地区的住宅多用竹条编织、外面糊泥土以为墙壁,屋顶为平形草顶。

苗族穴居洞穴——紫云中洞

一些苗族地区以窝棚居住，即用几根树干交叉搭棚，盖上茅草，用树枝或竹子编织、糊泥做墙的房屋。还有住岩棚的，十分简陋，屋内不分间，无家具陈设，架木为床，垫草作席，扎草墩为凳，生活极度贫困。近年来，随着改革开放深化、经济社会的发展和扶贫工作展开，危房改造逐渐得到落实，先是茅改瓦，后实施瓦改砖，一些地区苗族的居住环境得到逐步改善，窝棚、茅草房基本淡出历史，出现了许多新式的砖瓦房，甚至砖混结构楼房。

草房

草房是苗族历史上较早的一种住房建筑。一些地方的苗族至今仍居住草房。草房一般为木架结构，以茅草为顶，屋顶有梁，如山梁，两侧斜坡，以梁条、椽子搭架，自上而下叠层盖上茅草。至清朝中叶，大多数苗族地区仍主要以草房为住房，如清田雯的《黔书》记载，贵州各地花苗"诛茅构宇，不加斧凿，架木如鸟巢，寝处饮爨，与牲畜同居。夜无卧具，据地为炉，热柴而反侧以矣"。又如清乾隆段汝霖《楚南苗志》载：

苗人房舍，不同民居，多草盖，概系六柱，敞前半安置器皿，后半织壁以栖，右设火床，床中安一火炉，炊爨饮食及冬月男女环坐烘火御寒，在夜举家卧其上。

近现代以来，不少苗族地区的草屋依旧存在，但在某些方面有所改进，如不仅有一间一栋的，还有两间或三间一栋的。定居

历经风雨
的草房 ▶

地区苗族的草房，一般四周围夯筑土墙或土坯墙，冬避风寒，夏保阴凉，而处于迁徙过程中暂住或生存环境较差的苗族的草房，通常以垛木或夹竹壁，涂糊泥巴，上盖茅草，以避风霜雨雪，室内十分简单，虽有两间、三间，或以垛木、夹竹糊泥做板壁，或无板壁相隔。

草房虽说是草顶，但是盖得好的草顶也是经久耐用的，有上百年而草不腐者。草房的好处是就地取材，经济实惠，然而，草房于防火安全是极大的不利，曾闻数十户、上百户为一星火俱焚而无一幸存者。

土房

土房，又称"平顶房"，亦称"土阁房"。这种民居以云南苗族地区居多。房屋内部结构与草房相同。平房有篱笆墙式和土墙式。

篱笆墙式土房的建筑是在篱笆墙做好后，于方形篱笆墙的四角各栽一棵桩柱，在桩柱上搭一根较粗较长的直梁，再在上横搭横梁，横梁间隔一米左右，铺上木块，垫上干松叶，盖上胶泥土，夯实。这种房屋较小，多为临时住所，或作牲口圈之用。

土墙式土房的建筑即以夹板垒土夯实成墙，然后在柱头安承重直梁，再于承重梁上搭横梁，铺木劈块垫松叶，盖胶泥土，砸实。

苗族的土房分一间二梁四柱，两间三梁六柱或九柱，无构架或有构架三间四梁八柱或十二柱等三种样式。一间、两间和无构架土房不带阁楼，若需阁楼，须屋内立柱搭建，可为土层楼，亦可为竹编楼。有构架三间土房带阁楼。

◀ 土房

土房屋顶的胶泥土对防漏有较好的效果，但南方雨水多，经雨水的冲刷，胶泥土也易于流失，每年都须加土。20世纪80年代后，随着工业产品的不断丰富，一些地方的土房土顶改用水泥顶。近十年来，苗族一些地区经济条件较好者，盖起了土房式钢筋混凝土房。

瓦房

瓦房，即屋顶盖烧制的青瓦或红瓦，以代替过去的茅草顶或土顶。从结构看可分为两类，一类是全部木质结构，即除木架、梁柱外，内外均装镶木板；另一类是内部为木架、木结构，外围土墙或土坯墙或石墙或砖墙。

苗族地区瓦房的建造，在"改土归流"后才开始出现，如湘

◀ 春风又绿苗家寨

西苗族地区，乾隆《凤凰厅志·苗俗》载：

> 苗人依山而居，斩木诛茅以蔽风雨。近亦有建瓦屋者，每屋三、四、五间，每间四、五、六柱不等，无层次定向，亦无窗牖墙垣，缭以茅茨，檐低门矮，出入必俯首。

凤凰苗族地区出现"瓦房"已是"改土归流"后五六十年的事情，或是经济有所发展，或是受汉族影响的原因，但由于经济或技术等原因，建造的瓦房，房屋较矮，而且没有墙垣、窗户，尽管是瓦顶，但仍较简陋。

近代以来，瓦房已逐渐成为多数苗族地区流行的民居建筑，并不断有所改进和发展。湘西苗族地区的民居建筑，大多为瓦房，草屋极少，但瓦屋有老式新式之分。老式瓦房，房屋矮而窄小，其柁架是三柱落地，有三柱二括、三柱三括。新式瓦房，房屋高而宽敞，几乎都是木质结构，经济条件好者，木质结构之外再砌砖，均为五柱，有四括、五括、六括，甚至七括、九括的大房子，有阁楼。房屋外表，不论老式，还是新式，都只有全平式和内窝式或倒凹式。

杉皮顶岜沙苗寨 ▼

湘西苗族地区的瓦房，通常是三间，中间一间为堂屋，左、右两间，分别称"夯告""芭贝"。"夯告"是房屋中最神圣的部位，铺有地楼板，设有火坑，置铁三脚架，中柱前、后方三四尺范围内是"夯告"的核心区域，为祖先神灵位，只能由老人和长辈坐。"芭贝"是房屋的尾部和末端，作为灶房，有将牛棚安置在灶房的后侧面，也有另搭一偏棚做牛栏和厕所的。如果牛栏和厕所在屋外，灶房的后侧面可装修做住人的房间。

黔东南、黔南、湘西南及桂西北毗邻苗族地区，房屋大多数也是木质结构的瓦屋，一些地方以杉树皮代替瓦。以杉树皮覆顶是较早的形式。房屋构造亦分老式和新式。老式房屋比较矮小，结构较简单，用大柱支架，多为两间，两开门，装横板壁，只有一门一窗。其中，一开间做灶房和设置火塘作取暖用；另一开间隔成两小间，做卧室或堆放粮食、杂物。新式房屋，构造比旧式复杂，一般是三开间，每排五柱四括，最大为五开间，七柱六括或四括，板壁用木枋做框，每间都有窗户，正中的一间做堂屋，置大门，大门两边各有一窗，堂屋两头的开间各隔成两小间，后一小间做卧室，设火塘，做吃饭、休息和客房之用；前一小间做厨房，若另建厨房，则隔成的房间皆做卧室。

吊脚楼

吊脚楼，是"干栏式"民居的统称。苗族地区因经济社会发展滞后，在相当长一段时期内，吊脚楼为草顶若草房或为杉皮顶若木房，两者虽有屋脊，但无特别装饰，是真正的干栏式民居。吊脚楼有地基平整式和地基坡式两种建筑样式。

地基平整式吊脚楼，尽管是以山势地形而建，但先要平整地基，再建吊脚楼。湘黔桂边区的苗族地区，苗族习惯依据山势地形，建筑木质结构楼房，具体式样各地不尽相同，通常为三层，中间层即为楼，四排三间相连，少数为六排五间，正中间做堂屋，两端的开间隔成前、后两小间，前小间做厨房，设火塘，后小间为卧室或贮藏粮食；屋外设有走廊，有的四周廊道围以栏杆，廊道宽敞明亮，为休息、纳凉或手工劳作之所。顶层为矮楼，作堆放杂物之用。底层通常作碓房、磨房之用，亦可堆放柴

吊脚楼

草、杂物,或做禽畜居所。屋顶盖青瓦,并用青瓦垒起屋脊,两头各砌一鳌头或凤头。排枋穿柱,房屋正面的排枋头端均雕饰龙头或凤头。檐柱吊以木雕"金瓜",廊前及各间房都装有花格或木条镶成几何图案的窗户,有的窗户还雕龙镂凤,工艺精细,造型栩栩如生。

地基坡式吊脚楼,依山势地形而建,但多建筑在山腰斜坡高地上或临近溪河的河床边坡,无须打地基或平整地基。建筑在斜坡高地上的吊脚楼,地基分上下两层,有的下层地基根本不平整,在建筑时,栽长桩柱在下一层地基或斜坡上,短柱竖在上级,使前半间楼板与后半间地面成一平面,吊脚楼的屋檐柱脚高达数米,吊脚层不装板壁,常做堆放杂物之用或不加利用,中间层安置石磨、石碓或做灶房或牲口圈,上层做卧室或贮藏粮食。吊脚的一面,大多数设有走廊伸出,围以栏杆,屋顶为双坡悬山,有的四面设有走廊,为四坡流水屋顶。无论是双坡悬山,还是四坡流水的屋顶皆盖青瓦。建筑在溪河边坡的吊脚楼,则将吊脚楼悬伸到溪河之上,以数米高桩柱支撑,这种建筑以湘西凤凰沱江河岸边的吊脚楼为典型代表,著名作家沈从文对这种吊脚楼有过精彩的描写。

苗族地区的吊脚楼,依山傍水,不仅造型美观,经济实用,而且顺坡就势,尽量减少屋房地基面积,省工省地,适应于山区的地形地貌特点。

风雨桥

　　风雨桥,又称"回龙桥"或"花桥",主要分布在湘西、湘西南、黔东南、桂西北苗族地区,其中,以湘西南和湘桂黔毗邻苗族地区的石墩风雨桥最具特色。风雨桥的建筑既符合几何、力学原理,又有较高的工艺技巧和审美价值。风雨桥的建筑程序,是先用青石砌成桥墩,再在桥墩上铺上一排排巨木做垫墩。垫木为下短上长,逐层向两墩空间按比例延伸,以缩小两墩间的跨度,直至横跨河面,形成倒梯形。垫墩铺好后,又于大木之上铺层较小的横木,再用杉木板刨槽榫嵌合设桥面,桥面竖柱建长廊,盖"人"字形廊顶,有的还有二重檐,廊顶均盖青瓦。长廊两边围设木栏杆,栏杆内侧设长条木板凳,固定于柱间,供行人休憩。长廊顶,依桥的长短,建一至三个宝塔形亭阁。亭阁为二三层,亭阁中心柱在主梁上直至亭顶。中心柱上嵌入诸多的木枋呈放射状,枋柱密密匝匝,相互嵌合穿

西江千户苗寨风雨桥
▼

插,结构精密。风雨桥通常是重檐飞阁,精巧玲珑,雄伟壮观。湘西南绥宁苗族地区,至今尚有建于明万历年间的黄土塘乡同乐杨家桥及建于清道光十五年(1835)的乐安文江桥和建于光绪九年(1883)的鹅公回龙桥。

黔东南苗族聚居区的山溪河流,都建有苗族建筑风格浓郁的风雨桥,尤其在雷山,苗族风雨桥更是比比皆是,而且造型特别华美秀丽,较为壮观的是县城风雨桥、朗德苗寨风雨桥、西江苗寨风雨桥。近几年来,由于受旅游经济文化的影响,鄂西、湘西、湘西南、黔东南、桂西北的许多苗族地区也纷纷建筑风雨桥,而且规模比较大。

鼓楼

湘西南、黔东南、桂西北毗邻的苗族地区,有建筑鼓楼的习俗。鼓楼有多柱建筑、独柱建筑两种功能建筑样式,鼓楼的功能为休闲娱乐场所、存放铜鼓芦笙。

从江增冲鼓楼

湘西南及黔东南部分苗族地区鼓楼的建筑为多柱建筑，做休闲娱乐场所。湘西南的鼓楼为木质结构，用四根大杉木为主柱，直达顶层，另立副柱加横枋竖立于其上，向四周伸展，以木榫、木栓穿合，不用铁钉，结实牢固，扣合无缝，形状不一，有的呈四面流水，有的呈六面或八面流水。鼓楼的楼层为奇数，有三五层的，也有十余层的。鼓楼底层地面，有的围以栏杆，有的空敞，正中置火塘，冬天供人们烤火取暖之用，四周围以长凳，供人们休憩娱乐。楼顶盖青瓦，有的檐角附以龙凤、花鸟泥塑，楼顶多呈伞状，既有宝塔英姿，又有阁楼之优美，蔚为壮观。

黔东南一些苗族地区鼓楼建筑工序是先用钢凿斜凿垫柱巨石到一定的深度，对称栽实于场地的四周，再将巨木柱和外檐垫地后穿枕架于基石凿处，斜度向里，用内穿枋撑着诸柱，成圆锥形宝塔楼架。楼身用厚木板嵌装成多边菱形椭圆形壁。每节楼身腰部，各围装一围圈亭宇飞檐装饰。楼身顶部，用尖实木帽盖，再覆以青瓦。楼腹空腔圆形，最高一节，内榨楼板用来存放铜鼓，故称"鼓楼"，亦可用来存放芦笙，故亦称为"芦笙楼"。鼓笙楼只有节日喜庆时节，方能使用。

大多数苗族村寨的鼓楼都是多柱式建筑，唯贵州台江九摆的鼓楼为独柱建筑风格，专为藏地鼓而建，故称"独柱地鼓楼"。鼓楼为纯木结构建筑，二重檐歇山顶，穿斗、抬架二式混合木楼。鼓楼由一根独柱立于中央，十六根从属的檐柱组成支撑大

知识链接 **亮司寨鼓楼传说** 贵州锦屏亮司寨的鼓楼建在村寨的四周，东南西北各一座，形成一座城池状，但多已毁坏，现仅复建东门鼓楼，做寨门，亦做休闲娱乐场所。鼓楼不高，简捷明快。据传亮司寨本为军营，诸葛亮七擒孟获后，西南边事逐渐得到巩固和加强，于是诸葛亮把主力军逐步撤走，留下少数老弱病残驻守并定居。亮司土地肥沃、地形平坦、人烟稀少，后来，苗族迁徙到亮司寨居住，但时常会受到外族侵扰，使苗族难得安生，经寨老会决定，利用诸葛亮兵营，进行加固，并在东西南北四门各修建一座鼓楼。鼓楼做寨门，白天供日常劳作出入，夜晚紧闭大门。鼓楼三楼安放大鼓，有人值守，如发现异常以击鼓为号，听到号角，不管人在哪，也不论在做什么，须聚集寨中，共同应付异常情况。亮司寨苗族借助不断开垦的万亩良田和强悍的民族特性得到发展，形成沿亮江田坝一字排开四五里的大寨子。

架，五根穿枋呈"十"字形鳞次栉比贯穿中心柱，对应连接檐柱和位于檐柱上方的挂栓主立柱上，起到挑重和稳固的作用，檐柱以中心柱为轴心，呈正方形单行排列，构成鼓楼室内活动的空间。鼓楼有十二根挂栓立柱，承担上下两层瓦面的全部重量。顶楼诸多穿枋、檩木，错落有致地组成"八卦阵"图，穿枋、檩木上下有别、相互制约、互为后盾，且多组的"井田"和三角神奇图形，使人目不暇接。鼓楼上层瓦面由中心柱和第一组大斗拱支撑，下檐瓦面则由第二组小斗拱和周围檐柱及檐口挑手支撑。上下两檐瓦形成极富地方色彩的"二滴水"建筑。鼓楼不用一钉一铆，全凭穿枋柱眼的严密咬合。鼓楼屋脊东西纵向，悬挂铜鼓的横担木以及鼓楼出入口与屋脊朝向相对应。屋檐下，四周设有舒展的通栏坐靠，使鼓楼外部造型上下呼应，美观而实用。独柱地鼓楼的地鼓，埋藏在中心柱脚南侧的一个圆形大青石内。地鼓主要用以祭祖，祭鼓节才使用。

凉亭

湘西、湘西南、黔东南、桂西北苗族地区过去多在古道、山坳或村寨边修建凉亭，供行人避雨、遮阳和休憩之用。苗族地区

九摆独柱鼓楼 ▼

凉亭大多为长廊式木质结构建筑，也有飞檐翘角尖顶凉亭，风雅别致。长廊式凉亭为四排三间，也有六七排的，每排四柱着地，为两坡青瓦屋面，路从亭中通过，两边有固定在柱间的长木凳，无栏杆、壁板。凉亭内地面有的挖有一个或数个火坑，供行人冬天生火取暖。多角尖顶凉亭，常建在村寨边和人烟稠密的地方，有四角、六角、八角等形状，飞檐翘角。有几个檐角也就有几根柱子落地，柱与柱之间安置木板凳，供行人休憩，也做人们劳动之余的休息、游乐场所。

第三章
苗族的社会生活：婚丧嫁娶，人生礼仪

　　苗族自古以来就具有博爱至上、团结协作、尊老爱幼、热情好客、恋爱自由、婚姻自主的精神气质，崇尚平等、团结、互助、和谐的道德情操，主张反对压迫、反对分裂、共同发展的民族理念。苗族的精神气质、道德情操、民族理念深深融入苗族的社会生活中，形成苗族婚丧嫁娶的基本规约和禁忌，规约与禁忌构成一套严整的人生礼仪。

婚姻家庭：踏歌坐月定终身，尊老爱幼偕白头

苗族的婚姻自主程度较高，实行一夫一妻制，以核心家庭和主干家庭为家庭结构。

婚俗遗风

苗族的婚姻缔结有自主婚和包办婚两种。无论过去，还是现在，苗族农村男女青年结婚的年龄一般在16岁至23岁之间，男性婚龄稍比女性大些。苗族社会严格恪守着一夫一妻制和血缘外婚制，严禁近亲结婚。苗族青年男女多是通过自由恋爱，双方自愿就可以互为配偶，建立家庭。过去，不同支系的苗族男女青年基本不通婚，不与外族通婚。20世纪50年代后，特别是80年代以来，苗族各支系之间、苗族与外族之间不通婚的现象已经完全打破。

20世纪50年代之前，苗族若夫妇久婚无子女，经女方同意，男方可娶二妻，后妻地位与前妻平等。无论过去还是现在，丧偶可再婚再嫁，离异可再婚再嫁。男女青年恋爱自由，结婚要征询父母的意见，若父母反对，则可能采取私奔的办法。有些地方至今还有"姑舅表婚"的现象以及抢亲和不落夫家习俗，但这种现象已经不多见。

20世纪80年代前，湘西、黔东南苗族地区尚存"还娘头"的习俗，即舅家有优先娶外甥女做儿媳妇的权利，即使舅家无子，外甥女出嫁，也必须征得舅舅的同意，并要向舅家送一笔"外甥钱"。有的地方还保留"转房"习俗。川黔滇苗族地区也存在"妻姊妹婚"，即同胞姊妹先后嫁给一个丈夫的，但不多见，中南半岛的苗族中还有遗风。20世纪80年代前，黔东南苗族地区还盛行"不落夫家"现象，即女子嫁到男家后，就返回娘家，要待两三年后才到夫家常住。滇东北、滇北苗族地区，20世纪80年代前，还有"姑娘房"制，即在村寨旁专设两所公

农业生产、政治学习两不误

房，未婚青年男女每天劳动归来，即各在一所公房住宿，唱歌娱乐，趁机择偶，同时，还存在"抢姑娘"的习俗，抢来的姑娘如不同意结婚，仍可回家，如同意结婚，则可举行婚礼。青年男女通过自由恋爱，愿做终身伴侣的，男方在某天夜里，邀约几个朋友或兄弟把女方带到或抢到家里来，即成婚姻。三天之后，才请个全福的老人带只鸡去给女方父母报亲，请他们认可这门婚事。然后双方商定回门办婚礼的日期和具体事宜。在苗族聚居的一些地方，还保留着古老的抢亲习俗，20世纪50年代前是一种婚俗，20世纪50年代后只是一种遗风，现基本无存。在男女青年自由恋爱的基础上，双方共同商定了抢亲的时间和地点。届时，男方约几个要好的伙伴，去把新娘抢回家。据说，实行这种形式上的抢亲，如果将来夫妻不和或男方喜新厌旧，女方才有理可讲。把新娘抢回男方家后，再按苗族的风俗习惯举行婚礼，同时，男方家要派人带着礼物去女方家说明情况，赔礼道歉，女方家也会斥责和吵骂几句，接着便收下礼物，有些地区，抢亲还会发生一场充满乐趣的打斗，通常是姑娘得知男方要来抢自己，就故意躲起来，并邀约同村寨的女伴数人，手持扫帚、竹棍等候，当男方的抢亲者来到预定地点时，不见新娘的踪影，迷惑间，突然伏兵齐出，无数的扫帚、竹棍落在抢亲者的头上、身上。抢亲者们顿时醒悟过来，但按习俗是不能还手的，他们一边挨着扫帚和竹棍，一边机警地搜

苗族接新娘的红纸伞

寻着新娘。发现新娘的踪影后,他们便齐心合力,避开姑娘们的追打,把新娘抢回男方家。按习俗,新娘抢回新郎家后就不能再离开。新娘一到男方家,就意味着已成为男方家的成员,就不能随便回娘家,以前滇东南苗族地区,把姑娘抢到男方家后,先用一把纸伞象征性地罩住新娘,然后再由一个老年妇女用只公鸡在姑娘头上绕三圈,表示姑娘的魂已留在男方家,新娘就不会随意离开男方家了。

恋爱方式

苗族婚姻自主程度较高,各地青年男女都有以择偶为目的的传统自由社交活动形式。湘西叫"赶边边场"或"会姑娘"。黔东南称"游方",桂西北融水叫"坐妹"或"走寨",黔西北称"踩月亮",黔中及黔西北、黔西南、滇东北、滇东南称"踩花山""跳花""跳场"。在社交活动中,青年男女可以三五成群地或者单独地、公开地或悄悄地对歌和交谈,建立感情并逐步发展到婚恋。以对歌的形式谈恋爱是苗族婚俗文化中最具代表性和富于民族色彩的风俗,以歌动情、以情感人,在情与歌的交融中恋爱、成婚。一些苗族地区还有专供青年们谈恋爱的场所,如黔东南的游方坪及滇东北、滇北的姑娘房。苗族青年男女择偶基本不重财产和家境,更看重个人才华和品性。

游方 游方,可能是由苗族古代的对偶婚姻演变而来,并向一夫一妻制发展阶段形成的。游方,虽属群婚的残留,但绝不是毫无道德。因此,无论男女进入游方场后,都要讲文明礼貌,必须遵守一些约定俗成的规章。游方,旧称"摇马郎",是黔东南、黔南苗族青年男女公开的社交和娱乐活动,通过游方,交结朋友,选择伴侣。清光绪《黄平州志》载:"吹笙间以山歌、木叶两相勾引于深沟密菁,促膝私语,谓之摇阿妹,又谓摇马郎。"至今亦然。苗族有同姓同宗不婚的习俗,有的地方同姓不同宗也可通婚。为了青年男女社交,每一个苗寨都有"游方坡"

剑河游方的苗族男女青年

或"游方坪"。节日前，母亲为女儿做花衣，父亲存钱打首饰，节日时，把女儿打扮起来去游方。男青年往往要跋山涉水几十里，甚至上百里，主动到游方坡去游方，通常用吹口哨、木叶、夜箫、芦笙或唱山歌等信号邀请女青年出门游方。有的地方平时夜间也可以游方。姑娘们身着新衣裙，头戴银首饰，颈配银项圈，以展示自己的富有并以美丽的容貌和姿态吸引青年小伙的爱慕。男女青年游方坡见面后，青年小伙会十分礼貌与姑娘打招呼，称赞姑娘的美貌，然后通过对山歌互相介绍。夜幕降临后，青年小伙吹起芦笙，姑娘在芦笙的伴奏下翩翩起舞。尤其在月光下，悠扬的芦笙伴着优美的舞姿，朦朦胧胧，富有诗情画意。深夜后，男女青年围着篝火对唱，相互赞美，抒发爱的情意。苗族青年男女的恋爱是在舞蹈和对歌中进行的。通过多次游方，男女青年互相了解后，小伙便到姑娘父母家中走访，试探姑娘父母的意见，若同意，即订立婚约，交换信物。

苗族游方活动是很讲礼貌的，毫无粗鄙之举，更无浪荡行为。男女青年找伴侣很自由，但结婚必须征询父母的同意，父母不同意，婚姻则很难成立。

跳月　跳月，是桂西北融水及其毗邻地区苗族青年男女喜欢的一种活动，在春秋两季的佳日举行，是青年男女择偶的盛会。跳月时，男女青年酣歌狂舞，各选所欢，互相求爱，称"恋爱舞"。皓月当空的夜晚，青年男女吹着芦笙，摇着铃铛，唱着情歌汇集到跳月场。青年男子吹着芦笙排成一排在前面，姑娘们摇

跳月

着铃铛排成一排在后面，按传统的规矩和动作开始跳舞。在芦笙和铃声的伴奏下，队伍不断变换队形和动作，时而结成几个大圆圈，时而变成花瓣状，时而穿梭来往，时而插花交错。其间夹杂着姑娘和小伙们的歌声，欢笑声和惊叫声，场面十分热烈。跳舞时，男女间可以嬉笑逗趣，小伙可以把芦笙吹到姑娘面前求爱，甚至可以用舞蹈动作碰撞对方，以此逗趣。姑娘可以在舞蹈中用绿巾包裹的花球投掷自己看中的小伙，一次不行，可以投掷二次、三次。场内的

> **知识链接** **踩月亮与串月亮** 踩月亮，是黔西北、滇东北、滇北苗族地区的苗族男女青年的恋爱方式。踩月亮就是每当清风明月时，青年小伙儿三三两两来到山坡或台地，趁着皎洁的月光，吹起动听的芦笙、木叶。优美动听的乐曲呼唤着姑娘们出来赏月，"月上柳梢头，人约黄昏后"。青年小伙的芦笙或木叶吹过三遍之后，若不见姑娘来，就不必再吹，若再吹是不礼貌的。乐曲若唤来姑娘，可通过对歌，可交谈。次数多了，就产生了感情。感情通过对歌来诉说，爱慕之情通过对歌来倾吐。等到二人情意相通时，可互赠礼物表示定情。通常，青年小伙送给姑娘的礼物是木梳、口弦或银器之类，姑娘回赠的是自己亲手织绣的花布带。
>
> 串月亮，是桂西北融水及其毗邻地区苗族青年男女交往的一种形式，多在赶场和坡会散场的时候进行。太阳落山，月亮升起之际，赶场和参加坡会的人们都散去了，青年男女还恋恋不舍地留下来对唱山歌，互相物色对象。如果男青年相中某个姑娘，就会以山歌或话语对她进行试探。姑娘有所表示时，男青年便前去抢姑娘的头巾。如果姑娘同意，就会默默含羞和不动声色地任其抢去，男青年拿着姑娘的头巾在前面走，并不断地逗引姑娘跟上来；姑娘也会羞答答地跟在后面。等到了僻静处，男女双方就会互表心意，谈情说爱。如果女方不愿意，就会大声嚷嚷让男青年把头巾送回来，男青年知趣，就会把头巾送还。明月当空的夜晚，有多少被抢了头巾的姑娘跟着自己看中的男青年在串月亮。按风俗，青年男女通过串月亮相恋爱和订下婚约后，要举行一次喝"血水"的仪式。男女双方背着父母和亲友，到溪水边，双方各自以手掬水，先后刺破手指，滴血于水，互饮血水，表示我流着你的血，你流着我的血，然后终身相许，白头到老。

人们跳累了，可以坐到场外休息，场外围观和休息的人们又来接着跳，一直跳到天亮。其间，青年男女可以到场外的草棚里去吃东西、喝米酒，也可以坐在场外互相对歌，也可以跟刚刚结识的舞伴窃窃私语，谈情说爱，还可以邀约自己的心上人到场外的僻静处去互诉衷肠，盟定终身。

掐手、讨糖与草标 湘西苗族男女青年有一种十分有趣的表达爱慕之情的形式，称掐手与讨糖。苗族青年男女，逢年过节或逢场赶集邂逅，如果男方对女方产生爱慕之情，但又不知女方态度如何，为了试探女方的态度，便悄悄走到女方背后，出其不意地轻轻掐一下女方的小指。若姑娘接受，就背过手来轻轻地掐一下对方的拇指，或回眸莞尔，递个会意的眼色，然后可以交往。若不愿意的话，就不理会。男女青年通过掐手后，表示男女双方的心意已经融合，算是定初情。以后就可以邀约相会，互吐衷情，直到双方能互相理解，达到爱情的高峰，即可谈婚论嫁。

苗族男女青年在玩山走寨、行歌坐月的交往中，如果某男青年相中某姑娘，就会以讨糖吃为名向对方求爱。要是姑娘同意，就会做出相应反应。若是姑娘不同意，就会婉拒，或给糖送男青年，表推托和拒绝。

男女青年透过掐指或讨糖定初情后，可邀约相会，互诉衷肠，表达爱意。湘西苗族青年幽会有暗号和密码，即"草标"。双方只要看到草标，就知道各自的行踪。可用为树枝、树叶、野草和野花编成样式不同的草标，以说明心境，表明约会的地点和时间。草标的含义只有赴约人知道。用茅草编的蜜蜂表示我等你。用香草编的蜻蜓表示地点依旧。不能赴约用茅草穿树叶编成蚱蜢。不过，也有明码草标，如草尖打结，草根朝幽会方向，表示一方已到，后来者看到草标便知，然后须另做草标，中部打结，表示过路者前方有人幽会，行人见草标就会避开。红花结表示热情，渴望尽兴交谈；蓝花结表示愿见，但须在月光明媚的夜晚；如果是白花和茅草编结的草标，表示多次无故失约，今生不愿再见。谈到情投意合，双方就交换信物并各自告知父母，若同意，男方父母就请媒人去商定婚事。

咬手定情 咬手，是海南苗族男女青年表达爱情的一种独特方式，正如每逢节日，特别是海南苗族的传统节日三月三，槟榔

咬手定情

树下,芒果林中,小河溪边,山坡草地上,青年男女唱起美妙而动听的歌曲,"伸手给哥咬个印,越咬越见妹情深,青山不老存痕迹,见那牙痕如见人",抒发自己的理想、情趣和心愿,寻求自己的意中人。随后,小伙儿拿起弓箭、鱼叉到河溪里抓鱼,姑娘们在溪边烤筒饭和煮鱼,直到太阳落山才散去。如果某青年小伙儿相中心仪的姑娘,晚上便用口弓、鼻箫、树叶吹着婉转动听的曲调,来到姑娘的隆闺外唱开门歌。如果姑娘不唱闭门歌,便会开门走出来,一起到草地上或竹林里点燃篝火对歌跳舞。姑娘听了小伙儿的求爱后,便羞答答地拉起青年小伙儿的手咬一口,如果咬得很轻,而且很有礼貌,表示姑娘拒绝;如果姑娘咬得很重,甚至咬出血印,则表示姑娘十分倾心,愿意接受爱。咬手定情后,双方便互相赠送定情物以示终生相伴。

丝筒传情 滇东南苗族地区,踩花山节期间或逢隆重节日,青年男女会在花山场或开阔之地,用丝筒互相对歌,表达情意。丝筒是苗族独有的一种传播工具,用直径三五寸竹筒蒙蛇皮或动物薄膜或油纸,将无结丝线或麻线连接两个竹筒而成,真声传送

丝筒传情

可达千米。丝筒苗语意译是"丝弦"之意。男女青年通过丝筒对歌的形式表达自己的感情，询问对方的情况。唱到兴起，小伙儿会将话筒交给一边的伙伴应付，自己跑去偷看姑娘的模样。如果相互不中意，仅为对歌娱乐。如果双方都满意，继续对唱，约定见面的地点，面对面交流直到谈婚论嫁。

种花生 种花生，是桂西北融水及其毗邻地区苗族青年男女相识和恋爱的一种传统习俗和社交形式。男女青年相互走村串寨时，男方往往会邀请女方一块儿去种花生，并约好了时间、地点。种花生在头天晚上，姑娘们应邀来到男方寨子里做客，男方热情相待，第二天，姑娘、小伙儿们便一起扛着锄头，挑着种子和肥料，说说笑笑，上山种花生。他们在山上一边劳动，一边谈笑风生，或互相对歌，互相逗引。劳动累了，他们就一块儿坐在草地上嬉戏，相互逗闹。中午，男方准备了丰盛的饭菜，尽情让大家享用。吃饭时，相互盛饭，相互夹菜，互相间充满了友谊和激情。相爱的种子，开始在他们心中萌芽。花生种下后，待长出苗来，姑娘、小伙儿们又组织一次集体的施肥和护理，也再次相聚，寻找恋爱的机会。秋天收获花生时，姑娘、小伙儿们再次相聚，共同收花生。收花生的相聚最隆重，小伙儿们准备丰盛的酒菜款待姑娘们，双方在一起吃喝，一起嬉闹，一块儿对歌，一块儿窃窃私语，说情话，收获花生的同时，也收获甜蜜的爱情。

拦门喝羊角杯酒

苗族建立婚姻的恋爱方式多种多样，都是传统的自由恋爱的方式，现在有的淡化了，有的仍在传承，而有的已经成为历史。

结缔婚姻

苗族婚姻多为自主婚姻，结缔方式分自主自由式、说合自由式和说合古典式。自主自由式，是青年男女在社交活动中，通过自由恋爱、自主结为夫妇的婚姻形式。说合自由式，是经过亲友说合介绍，男女双方又经过社交活动恋爱，自愿结合、家长同意的婚姻形式。说合古典式，是男女双方及其父母都事先同意了的婚姻，包括关系婚、姑舅表婚。除说合古典式外，都要经过恋爱、说合提亲、定亲择日、接亲的过程。

苗族分布地域广，支系众多，各地、各支系的结婚仪式都有一定的差别，甚至有较大的差别。以下婚姻结缔过程和婚姻仪式

嫁女

主要是黔东南、黔南苗族地区的形式。

提亲 自主自由式婚姻不提亲，由男女双方自己做主，但偶有为让双方老人皆大欢喜，可通过妯娌、兄嫂征求父母并请媒妁为之讨婚、提亲的表面形式。说合自由式婚姻提亲，是男方家认为有适合的姑娘，就请全福、善于言辞且与女方有些关系的男性或女性为媒，到女方家去踩门提亲。一开始，女方家长既不轻易放口允诺，需要征求舅家和房族意见，也不招待媒人，做出一副高傲样子，即使同意了，也要故意说一些搪塞的话。后经男方家多次请提亲人反复说亲，才肯答应。女方家同意婚事后，要设宴招待媒人，并备礼物及公、母鸡各一只，请提媒人带给男方家，作为同意缔结婚姻的彩礼，等于订婚。说合古典式婚姻提亲，黔东南苗族地区叫"还娘头"，即姑妈的长女，舅家有优先迎娶权，如舅家无儿或年龄悬殊，征得舅家同意，甥女才能他嫁，但外甥女婿必须给舅家"外甥钱"财礼。民国前通常是白银一两二钱，民国初，改为十二块大洋。如果外甥女不愿嫁舅家，财礼就出得更多。如叙事诗《娥姣与金丹》道：

舅家的外甥钱哪，放在牛背上，牛背就要弯；放在马背上，马背就要断；放在桌子上，桌子就要垮。

择日 自主自由式婚姻不择日。说合自由式、说合古典式的关系婚及姑舅婚，男方家选派男性或女性一至二人为证婚人，随同媒人带礼物到女方家商议结婚日期。传统上，会在商议当晚进行鸡眼卜，由女方家杀一只公鸡，整只煮至七八成熟捞出放到堂屋摆好的长条桌上，请舅爷及宾主查看鸡眼，鸡双眼或睁或闭者为吉，左眼闭右眼睁者预示女克男，右眼闭左眼睁预示男克女，皆不吉。如果双方家长执意包办到底，就无所谓鸡眼卜的凶吉。将出嫁的姑娘很关心鸡眼卜的结果，若姑娘同意父母包办的亲事，自然希望鸡眼都睁或都闭，若姑娘不同意父母包办的亲事，不希望鸡眼都睁或都闭。有些姑娘不同意父母包办自己的婚事，在煮鸡时，就悄悄用木棍或筷子把鸡眼戳破，使鸡眼卜无法分辨吉凶，包办不成。鸡眼卜为吉后，双方就协商一系列的结婚事项，如婚期，送亲接亲的人数等。婚期基本选在农历正月、二月或八至十二月的卯、丑、子、午日，忌寅、申日。

婚庆 自主自由式婚姻送迎仪式简单，送仅为姑娘的伙伴，迎仅是男方的父母姐妹。男女双方约定时间、地点后，多数姑娘瞒着父母，以会朋友为借口与其心上人径自去成婚，走时仅带些换洗衣服和必需的伞。启程时，同寨要好的姐妹会陪同送一程，分手时，男青年要给送他们的姑娘一些钱，以做酬谢，称"草鞋钱"。如果姑娘出门时，被父母发现，无法拿到换洗衣服和伞，只好作罢，另订日期。有的父母知道女儿要去嫁人，便特意准备一些食物及其他用品给女儿。这种具有"私奔"性质的婚姻，通

红纸伞与新娘

▲

迎新娘

常是后半夜出发,天亮前后到男方家。待到男方家村寨边时,男方家要燃放鞭炮以示庆贺,无鞭炮准备的,在村寨边稍候,等男方家准备好后,进家门。

　　迎亲通常由男青年的姐妹或堂姐妹为主体,加上村寨里的姐妹和房族组成,把新娘迎进家门。由姐妹迎亲目的是陪伴新娘。迎亲的主要仪式是接伞。新娘到门口时,由迎亲的姑娘出门迎接,新娘用左手把伞递给接伞的姑娘,随后新娘左脚跨门槛入屋,表示将成为新家庭的主妇。随即由接伞的姑娘携新娘入新房,迎亲妇女们陆续进入新房休息。新郎则不进家,暂到房族家去避羞。午饭前,新郎父母杀鸡祭祀祖宗神灵,并宴请房族、寨老,表示给儿子接了媳妇,完成婚姻大事。有的当天,有的要满三天或五天,新郎父母请一二名善于言辞、富有涵养的男性,带鸡、鸭、酒等,前往新娘家报信,请求认亲,并主动地代新郎新

> **知识链接** 接伞的人必须是男青年的姐妹或堂妹。如果没有亲姐妹、堂姐妹,则由男方父母指定的姑娘来去迎接。

娘向女方家"认错""请罪",明贬暗褒地数落男方家一通,请求息怒。如果女方家已了解男方家庭及社会关系等情况,同意开亲,就接受男方家送来的东西,设宴招待报亲人,并邀请亲房、寨老一同欢宴。然后,双方定下新娘回门日期及应办礼品。若女方家不同意,不但不收礼物,甚至吵骂一番,拒绝接待报亲人,将报亲人撵出门外。严重的还联合全族,扬言要把姑娘拉回来,等等。遇到这种情况,报亲者不能马上离去,要尽量耐心,一而再,再而三地央求,最后实在不行,就只好收场返回,如实向男家回报。女方家不接受的礼品,报信人只好放到村寨里的熟人或女方叔伯家去,请他们代为圆全亲事。经过报信人的再三央求,新娘家老人也会通情达理,想得开。骂上几句,是表示女方家的自尊。认亲后,新郎家就要尽力备办礼物,陪送新娘回门省亲。川黔滇苗族地区还要办酒席,但没有了迎送程序。

说合式关系婚、姑舅婚的结婚礼仪隆重,亦很复杂。按照苗族习俗,男婚女嫁都是整个家族的事,不只是由事主一家承担。婚礼前一天,男女双方家庭都宾客盈门,热闹非凡。男方前往新娘家接亲人数常为双数,意寓成双成对,有些地方新郎不前往女方家亲自迎接新娘。接亲队伍里,必须有男方的主婚人和证婚人,有些地方还要带两名歌手,在女方家礼仪席唱"婚礼歌"。彩礼全数按谈婚论嫁的协议办理,或三套或五套传统服装,若干布匹。

迎亲日,女方家迎客的妇女们,拿着酒海,提着酒壶,端着酒碗,在村寨边筑成一道道"酒卡子"。接亲人到来,她们就开始灌酒,有的接亲人才饮第一道"酒卡子"就晕了。到第二、三、四道"酒卡子",就无法招架。最难通过的是设在门口的那道"酒卡子关",门内横摆一张长条桌,左右门枋悬着大牛角杯,有的地方用大碗,接亲人临门,主人就揪住灌酒,但主婚人和证婚人可以少喝,因为他们要主持相关仪式。过了关,才能进入堂屋。

湘西苗族夹道迎候

女方家堂屋摆着前后两张长桌,靠神龛的长桌摆有煮熟的整鸡,猪头、猪肝、猪腰、猪心、猪肺、猪脚,糯米饭,三碗酒。另一张长桌为酒席桌。主座为女方家长，右侧座次为男方家主婚人、证婚人及接亲者，左侧座次为女方家主婚人、证婚人及陪客的亲友。宾主坐定后，女方家的司仪先祭祀祖先，再祝愿宾主两家亲上加亲，祝愿新郎新娘白头偕老。然后，端碗酒敬双方的主婚人，请其饮交杯酒，并掰鸡腿给双方主婚人，请其交换表示双方有吃有穿。鸡腿不当众吃。司仪再次给双方主婚人斟酒，再交杯，意寓新郎新娘福寿双全。男方主婚人把备好的礼金双手呈递给女方主婚人。司仪再三给双方证婚人端酒，交杯，然后取鸡翅给双方证婚人，再互相交换，意寓双方搭好亲戚桥梁。

而后，先由女方家全福的中年妇女向接亲人腰间拴两条彩礼带，接亲人饮酒两碗。然后，女方家族、亲友再给接亲人赠送彩礼带，并敬酒。女方家族、亲友多，彩礼带就多，不仅接亲人感到荣幸，女方家也觉体面。拴彩礼带结束后，女方的房族和亲友向出嫁姑娘赠送礼品，有的送钱，有的送衣服或布料。礼毕，进

离别父母出嫁

知识链接 **拜堂** 川黔滇苗族地区，结婚仪式一定程度与黔东南、黔南地区相似，也有不同的地方。通常，结婚仪式从接亲到散客需三天，头天接亲，第二天正酒，第三天散客，也有举行四天的，即接亲一天，正酒两天，散客一天。办三天者，正酒当日午饭后要举行"拜堂"仪式和交礼仪式，办四天者，正酒第二日举行"拜堂"仪式和交礼仪式。"拜堂"仪式和交礼仪式的顺序，有的是交礼仪式在前，有的是"拜堂"仪式在前，有的是同时进行。交礼是女方家向男方家清点新娘新郎衣物、饰品及陪嫁品。"拜堂"由新郎、陪郎跪拜，新娘不参与拜堂。拜堂时，于堂屋放一床草席，新郎、陪郎由司仪指挥，先拜祖先，再拜高堂，然后伯叔姑舅及至亲戚朋友。凡拜皆两跪，拜到伯叔姑舅及至亲戚朋友时，受拜者都会应"领受了，双跪，长命富贵"。"双跪"即再拜。受拜者以或钱或物品或衣料赠送。拜皆毕，由寨老唱"卷席古歌"，由两人从两头卷，以示夫妻合床，恩爱有加，白头偕老，长命百岁。散客日，预示结婚仪式和婚庆结束，午饭后开始送客。送客也有仪式，由管事主持，先感谢做菜做饭的后厨，唱"感谢古歌"，感谢后厨为婚庆的操劳，向后厨敬酒，再感谢女方家送亲的亲朋好友，也要唱"感谢古歌"，感谢他们远道把新娘送来，然后敬酒，随即由敬酒变为灌酒，一些客人未出门就醉倒。送客仪式后，路近者可径自回去，路远者可留下来。

◀ 新郎拜堂

入婚宴。至亲姐妹们则陪伴出嫁姑娘，说惜别话，唱伴嫁歌，祝贺出嫁姑娘成双成对，幸福美满。

次日天将拂晓，接亲人仍齐聚一堂欢饮。接着男方主婚人催促让新娘及早出阁上路，出嫁姑娘动身前，亲族人都来送别。女方家送亲人得向男方家接亲人索要"草鞋钱"，各种逗趣完后，举行出阁仪式，堂屋摆长桌，放四碗酒，伯娘、叔母或姨母以及亲兄弟姐妹围站四周，出嫁姑娘盛装走出闺房向她们辞行，悲喜交加，依依难舍，出嫁姑娘的亲哥或弟，为妹或姐敬送行酒，然后，兄弟姐妹们敬告别酒，人人流泪，个个啜泣。出嫁姑娘随即向父母辞别，母亲含泪送姑娘一把伞，用来路上遮风挡雨，沿途挡阳遮羞，姑娘接伞后，右脚跨出门槛，预示从此她成了姑妈和客人了。在房族姐妹亲友的陪同下出嫁姑娘离开家门，她们把出嫁姑娘送到村寨外才含泪止步，极目远送。

送亲的人数,少的八人,多的十数人或数十人,其中一人须为出嫁姑娘的嫂嫂,她的责任是帮出嫁姑娘提花衣篮和指导出嫁姑娘履行礼仪。新娘到新郎家门前,新郎家选全福中年妇女为新娘洗尘。新娘把从娘家带来的伞递给迎候在门内新郎的妹妹,然后左脚跨门槛入屋,其他送亲的人鱼贯而入。新郎家指派专人接新娘家的陪嫁物品。新娘用左脚跨进屋,表示从此成了新郎家的主妇,将伞交给新郎的妹妹,表示姑妈的女儿嫁回舅家来,"还娘头"了。新娘进入堂屋后,由新郎的两个妹妹领至正堂东屋,一左一右陪伴新娘,面朝陈设祭品。

举行结婚仪式时,新郎家堂屋设长桌,摆放三尾熟鱼一碗,三坨糯米饭,三碗酒及熟猪头、猪心、猪肝、猪腰、猪肺、猪蹄、猪尾。新郎家长面对供物就座,长者先祭祀祖先,然后,祝福新郎、新娘。祝毕,长者端酒献给新娘,新娘不用手接,只用嘴抿一下,即由送亲嫂嫂代喝。长者又分糯米饭、鱼给新娘及陪同者,仪式毕,由新郎家的房族亲友向新娘敬献礼物和喜酒,礼物、酒由送亲的嫂嫂代收、代喝。

献礼结束,接着举行"挑喜水"仪式。新郎的妹妹引新娘去挑"喜水"并舀水,舀单不舀双,通常是舀三瓢,一瓢舀吉祥,二瓢舀富贵,三瓢舀子孙。许多青年后生跑到井边来故意逗趣,叮嘱新郎的妹妹舀满一点。新郎的妹妹拿着一把又大又深的木瓢,虽然只限舀三下,但却把水桶舀得满满的,新娘把水担上肩,大家就一齐注视着新娘,看她是不是会换肩,腰身是不是有

婚宴:男女各一边

知识链接 **回门与不落夫家** 回门，是姑娘出嫁后的第一次省亲。有两种情况。其一，客散后，新娘在夫家住一个月后回娘家。苗族许多地区都是这种情况。新郎陪新娘回家省亲，省亲时要带上一些礼物、糖果、炒面等，省亲间要拜会她的所有房族长者或建立独立家庭的弟兄，住上几日后就返回，然后夫妻共同操家立业、赡老抚幼，养育后代。其二，在客散日或次日，新娘随同送亲人返回娘家，新郎不陪同。这种回门方式主要分布在黔东南、黔南的一些苗族地区，有的要过一段时间后才返回，有的不返回，返回的，新娘也经常回娘家住。这种现象称"不落夫家"，究其原因是，因年纪还小或因娘家需要劳动力，或因回娘家来赶制一生所需衣物（旧时苗族女性皆着传统服饰，姑娘出嫁后意味着一生操劳，无时间制作服装，故须在"坐家"前尽可能地制作服装以备用）等等。从婚姻史来看，是从母居与从父居之争的母权制遗痕。新娘"不落夫家"后，夫家逢年过节，农忙季节，才由其丈夫的母亲去接，没有母亲，则由姐妹去接，经多次来往，夫妻才逐渐同房，称为"坐家"，生育第一胎儿女后才坐家的，称为"缓落夫家"。"坐家"后才开始真正的夫妻生活，才开始共同操家立业、赡老抚幼，养育后代。

◀ 回门

劲，脚步迈得是不是轻盈？逗趣声一片。挑完"喜水"，新娘拿起扫把在屋里扫几下，又走到碓房去象征性地舂舂米等。礼仪结束，即引新娘入新房休息。

各种仪式完毕后，就举行酒宴。送亲的人都在新郎家堂屋长桌吃酒，宾主两边坐，饮酒对歌。主人家把从新娘家带来的"新娘饭"分给众家每人，同时，分给一大块肉，让客人带回家，以示婚庆隆重、周全。

按习俗，苗族婚庆期间新郎、新娘不同房，只是夫妻结合的象征，而不是夫妻建立新家庭、新生活的开始，甚至在客散尽后的一定时间内，新郎、新娘也不同房，新娘由新郎的姐妹陪宿，若无姐妹，由新郎的母亲陪宿。

苗族男女婚后因感情不和等原因可以离婚。提出离婚方须向对方赔礼赔钱。寡妇可以改嫁，鳏夫可以再娶。20世纪50年代前，有的苗族地区有同辈转房习俗，但不带有强制性。

家庭建构

家庭是以婚姻和血缘关系为基础的社会单位，包括父母、子女和其他共同生活的亲属。

母系家庭遗痕与婚姻家庭变革 从汉文献记载及近代以来的调查表明，数百年甚至上千年来，苗族社会已经不存母系家庭，但是，苗族民间文学资料和婚姻习俗显示，苗族社会曾存在过母系家庭和有母系家庭残遗。母系家庭的最大特征是从母居、从妻居。从苗族古歌和婚姻礼仪歌可看苗族母系家庭氏族外群婚的某些遗迹，如《苗族古歌》说，"到处是人群，男人嫁女人，女人讨男人，一个大房子三间屋，把男子分住在一间，把女子分住在一间，男人上女人的门，留下男人的脚印"，既反映出从妻居，也反映出氏族外群婚。母系家庭，是由母亲、外祖母及舅父、姨母、儿女组成的，无父亲、祖父、丈夫。由于女性被看作是人类真正的始祖，故在苗族的祭祖活动中，首先祭祀女祖先，如湘西的一些苗族祭祖时，祭坛上要供一个女性偶像，表示自己的始祖是女性，偶像上用树枝搭盖，象征祖先在远古时穴居野外。母系家庭的男性为舅舅、外甥等，舅舅在很大程度上担任"父亲"的角色，舅舅不是家庭的领导者，但却是家庭的主要劳动者，并协助其姐妹抚养的外甥，故而所有的男性都只能以舅舅的身份参加家庭的生活，参加大家庭内的经济活动，对外甥担负起抚养、教育的责任。现在一些苗族地区，舅舅仍有很大的权力，既是母系家庭的残余，也是舅权制的表现形式。黔东南、黔南苗族地区残存的"不落夫家"、"缓落夫家"，也是母系家庭"从母居"的残存和遗痕。

母系家庭晚期，由于生理和劳动强度原因所致，女性已不能承担主要的生产的任务，男性在家庭中的地位逐渐显示出来，随着剩余产品的出现，男性开始进行家庭变革革命。苗族的一些民间文学资料反映出婚姻家庭的变革，如黔东南的《男子出嫁》、川南的《男子出嫁》、黔北的《接女婿》、滇东南的《留姑娘》，等等，都反映出从"嫁男"的婚姻痕迹，《留姑娘》说："远古的时候，人类的婚姻，儿子嫁出去，姑娘留下来，留下做哪样，留下讨新郎，姑娘不出嫁，留下把家当，大小家务事，姑娘拿主张。"另如滇东南的《苗族古歌》说:"牛羊满山跑,姑娘赶不赢;砍树造房子,姑娘做不成;再说种庄稼,姑娘也不行,不能挑粪草,不会耙和犁。"为了同生产力发展相适应,社会家庭需要将从妻居改变为从夫居,滇东南的《苗族古歌》说:"姑娘嫁出去,儿子留下来,留下要新娘,留下把家当。"黔东南的《换嫁歌》《姐妹歌》也叙述了由嫁男到嫁女的婚姻变革。

父系家庭 社会家庭由从妻居改变为从夫居后,家庭按父系血缘原则,将具有血亲关系的成员组织而成,称"父系家庭"。父系家庭产生以后,遵守从夫居的居处原则,并在相当长的一段历史时期内,以大家庭的形式存在,即"父系扩大家庭",三代同堂、四世同堂很常见。据《云南苗族瑶族社会历史调查》报告,20世纪40、50年代,滇东南苗族地区的父系大家庭仍普遍存在,滇东南马关都竜岩头小新寨的王姓苗族家庭人数达99人,文山杨柳井团田的马姓苗族家庭有45人,麻栗坡塘子寨王姓苗族家庭有30余人。此外,1982年,滇东南弥勒县新哨某寨的马姓苗族到仍保持四世同堂人口达29人的父系大家庭。东南亚泰国、老挝、越南的苗族至今仍存在为数不少的父系大家庭。

苗族父系大家庭的成员包括祖父母、父母、自我、子女、伯叔、姑侄及妻子、儿媳妇等由父系血缘与婚姻关系共同维系的人员团体。家庭内父母与子女、祖父母与孙辈之间为垂直关系,夫

父系扩大家庭

与妻、姑与媳以及姊妹之间为平行关系，组成家庭的辈分愈多，亲属关系就愈复杂。一个父系大家庭包括三四个乃至七八个小家庭，这些小家庭在经济上尚不具备独立于大家庭的条件，于是在一个男性家长的带领下，组成一个共同生产共同消费的集体。

　　苗族父系家庭世系按男方血统计算，男性具有财产继承权。苗族计算世系的方法，多采用父子连名制，子名在前，父名在后，由子名父名连成完整的名字，或子名在前，父名居中，祖名在后，由子名、父名、祖名构成完整的名字。通过父子连名制追溯男性世系。苗族的父子连名制主要分布在黔东南、黔南地区，据《苗族社会历史调查》报告，黔东南的父子连名，有的可追溯到50代至70代，有的可追溯到20代，贵州台江巫脚交的张姓苗族的父子连名制可追溯到45代。

　　随着人口增长和生产力的进一步提高，个体劳动能够不依靠集体力量进行生产，而且生产出来的产品不仅可以养活个体劳动者，还有剩余产品供养他人，有条件从父系大家庭分离出来，建立个体家庭经济，个体家庭便开始成为生产单位、社会细胞和基层生活单位。

　　核心家庭　　自从私有制战胜了原始的自然生长的公有制后，个体经济单位纷纷独立出父系大家庭，成立新的家庭，即个体家庭。苗族的个体家庭，通常是父母与未婚儿女共同居住的核心家

核心家庭 ▶

庭最为普遍。父母与未婚子女和一个已婚儿子共同居住的家庭，大多数情况是儿子结婚后尚未生育后代或已生育后代，但年龄稍小儿子未婚，若待年龄稍小儿子结婚后，兄弟基本上会分家另立门户，若为单传，一般父母都会与婚否的儿子共同居住。在苗族的伦理观念中，通常情况下，父母由幺儿赡养，但不一定，有时还要考虑到父母的意愿，也有几兄弟轮流赡养的情况。核心家庭的家庭角色结构比较简单，一个完整的核心家庭有夫妻及其未婚的子女。核心家庭包含以姻亲为基础的夫妻关系和以血亲为基础的父母子女关系。

苗族家庭的财产包括房屋、土地、牛马和生产工具及日常生活用品并通过劳动、交换、购买、嫁妆、彩礼等方式获得。苗族家庭的财产，按其来源和性质，以不同的方式继承，母亲的嫁妆和为女儿准备的嫁妆，由女儿继承，其余财产只能由儿子继承。没有儿子的家庭，丈夫先死，由妻子继承，妻子死后由丈夫的同胞兄弟继承。老而无子的家庭，可收亲侄作后嗣，若无合适人选，可收养外姓，但须随养父姓，养子有财产继承权。无子有女者，可招赘婿，赘婿有财产继承权。苗族家庭兄弟分家时，由父母按儿子人数平均分配财产，通常幼子略多分配一些，但对田地的分配，通常父母要自留一份养老田，若有未出嫁女儿，要酌留姑娘田，养老田、姑娘田由与父母、姐妹共同居住的家庭耕种，父母过世或姐妹出嫁费用由耕种家庭主要承担，而且继承养老田、姑娘田。

苗族崇尚多子多福，以主干家庭为纽带，有数代同堂的大家庭，随着社会的发展，核心家庭逐渐占据苗族家庭的主导地位。自实行计划生育政策以来，苗族积极响应国家政策，实行计划生育，多子多福的观念发生了极大变化，以"多子多福"观念变为"儿多母苦"的观念，用实际行动来执行和落实国家的计划生育政策。

苗族家庭十分注重对下一代的传统教育。通常是父母传授和教会子女从事生产的技能和知识，而母亲还有另一项责任是要传授和教会女儿从事栽棉种麻、纺纱绩麻、织布、蜡染、刺绣等具有苗族特色的基本知识和技能。

丧葬：告慰亡灵，安抚生者

苗族的丧葬习俗，反映了深厚的祖先崇拜观念，其中的一些细节还有浓厚的自然宗教色彩。苗族在古代曾实行悬棺葬、岩洞葬和土葬三种，明清以后普遍实行土葬。苗族丧葬习俗各地有所不同，但基本分为报丧、停尸吊唁和送葬三个步骤。在一些特殊条件下，苗族的丧葬习俗对死者不进行吊唁，如夭殇、凶死和妇女生产死，或者家境贫寒而死，或者瘟疫流行而死。

报丧

苗族对成年人的寿终、凶死、产死都要报丧。凶死、产死只是告知情况及善后事宜，真正的报丧是成年人病亡，特别是老年人寿终正寝。通常情况下，老人断气时，要在门前鸣放火枪三响报丧，现在多无火枪，用鞭炮，远亲近邻闻讯后都要前来帮忙料理后事。亡逝者入棺前，若为男性要剃头，若为女性要梳头。由孝子孝女以外的家人为亡逝者洗脸擦身，洗毕给亡

丧祭竹王崇拜表演

为亡逝者吹笙击鼓

逝者穿寿衣，无寿衣者穿其生前穿过的干净服装。

入殓前，亡逝者的子孙或近亲要去村寨挨家挨户报丧，同时，让两名近亲去请人来为亡逝者"开路"或"指路"，"开路"或"指路"后亡逝者才能入殓。入殓后，亡逝者的孝子贤孙要商议送葬的一系列问题，若因或经济或节令或时辰等问题，就及时入土为安，但一般都要举行相关的吊唁活动，确定日子后，亡逝者的孝子贤孙们就要请人给亡逝者的直系、旁系、血亲、姻亲报信，同时，请芦笙师，届时为亡逝者料理后事，吹笙击鼓以祭，众亲戚络绎前来吊孝。

黔东南、黔南苗族地区为亡逝者"开路"时，先由"开路人"为亡逝者吟唱"开路调"，开路人砍来一根手指粗细的竹子，死者为男性，取由下往上数的第九节竹节；死者为女性，取

> **知识链接** "开路"或"指路"在苗族的丧葬习俗中，是至关重要的一环，黔东南、黔南苗族地区要念诵"焚巾曲"，川黔滇桂边区苗族地区要唱"指路经"。无论是"焚巾曲"，还是"指路经"，都是要指引亡逝者回到祖先的地方去，交代亡魂去处，从开天辟地唱到伏羲兄妹造人烟，再历述祖先来源和迁徙经过及路线，要亡魂随着祖先迁来的路线按站逆行，回到故土，去和祖先亡灵团聚。一些地区的苗族认为，人有三个灵魂，人死后，一个灵魂沿祖先迁徙而来的路线回到祖先的故地与祖先团聚，一个灵魂安守墓地，一个灵魂与子孙同在，并在冥冥之中保佑他们。这是苗族万物有灵观念的反映。

第七节竹节，将竹节上部削去，下部砍齐，一破为二，将它作为与死者对话的工具，称"竹卦"。其法是将竹卦抛在亡逝者跟前，若竹卦一块向上，一块向下，则表示死者已同意，若两块都向上或两块都向下，则视为死者不同意。开路者就要与亡逝者不断"交流"反复抛竹卦，直至亡逝者同意。此竹卦要一直用到第十三天举行"回刹"后才烧毁。

开路人吟唱开路调时，要身背一把弩弓，上挂一把刀，还要杀一只鸡为亡逝者引路，称"引路鸡"。亡逝者入殓前打开棺盖，芦笙师从死者下方逆时针方向上棺材边缘，边吹"入棺调"，边踩棺沿走一圈。开路人唱完开路调，芦笙师便开始击鼓、吹奏芦笙，先吹"送终曲"，接着吹"入棺曲""杀生曲""祭血曲"等，然后吹"隔更曲""响午曲"。川黔滇桂苗族地区为亡逝者"指路"和入殓不吹笙、不击鼓。

吊唁

为亡逝者吊唁，各地苗族有所不同，有些地方苗族人亡故后必须入殓再停灵柩于堂屋内。有些地方苗族人亡故后不入殓，入殓仪式在坟地上举行，用麻布或其他布包好安放，在屋内供亲友吊唁。如云南金平的白苗和花苗人亡故后，用麻布包好悬挂在屋内，黑苗、青苗停放在凳子上，供家族亲友悼念；又如云南元阳

湘西苗族丧葬供祀

知识链接 **闹丧与赶尸** 苗族人亡故后，在吊唁期间，一些苗族地区有停尸驱鬼和闹丧的习俗。悬尸驱鬼是苗族特有的停尸仪式。旧时流行于云南威信、金平、麻栗坡等地。云南元阳白苗老人亡故后，要将其遗体置于竹编的床上。床的一端用麻绳系在房梁上，一端插入墙壁。每昼夜除吹芦笙、击鼓、跳舞外，还要举行六次驱鬼仪式。驱鬼人员一般为四人，一人吹牛角，一人射箭，一人持火把，一人持铁刀。驱鬼时，四人绕亡逝者的房屋九圈。云南金平花苗有在堂屋悬尸驱鬼的习俗，但十岁以上未成年人及婚后未生育的亡逝者无须举行驱鬼仪式。湘西苗族地区在丧葬仪式中，自古就有"闹丧"习俗，这种习俗蕴含了大量珍贵的苗族丧葬口碑资料，从一个侧面反映了苗族的精神面貌和思想感情，这种习俗也就是沈从文曾描写过的"赶尸"。

苗族丧葬巫术：赶尸

白苗老人亡故后，将其遗体置于一张竹床上，一端用麻绳系于屋梁上，一端插入壁墙上的孔洞中；云南河口瑶山至今还保留着特有的悬尸习俗，人亡故后用篾编制的箩槽装起来挂在房后，然后择日安葬。

在屋内停柩时间的长短，各地不一，一般是一至数天。湘西和黔东南的一些苗族地区，迷信汉族星卜说法，停柩较久。一般而言，吊唁期为三至五天。

苗族丧葬中的吊唁仪式烦琐而复杂。测定葬期后，要派人给同辈亲戚报丧，说明吊唁的规模和时间。正式吊唁的头天晚上，有一个简短的"起芦笙"仪式。正式吊唁之日，众家门和笙师、祭师、司仪、寨老到来，祭师祭奠亡魂，笙师吹奏亡故曲，鼓师敲响牛皮大鼓，接待各路吊唁者，宾朋云集，司仪招呼应酬，孝子跪拜于堂中一侧下方，主客进大门跪拜完逝者后，将众孝男扶起，客送之祭礼置于堂中鼓柱下，宾主吟诵交接词后，食粮收归楼上，牲畜交给管牲师，客敬亡死者以酒食。晚上，司仪吩咐寨老、笙师、祭师后，将宾客之祭奠牲畜分别屠杀，然后按照舅、姑、女婿、媳后家、众亲戚朋友、叔叔等先后顺序祭奠。次日凌晨，司仪置两条高凳或方桌于鼓柱下，将矮凳团围四周，请寨老及众具有鼓乐亲朋就座。孝男之后家于堂上方两侧接过姐妹之火把。司仪开言陈述"谢孝词"，众孝子跪拜于堂下方。司仪向宾客陈述亡者在病危期间子女如何护理，如何安排善后事宜等详情。寨老、祭师、笙师、舅父、姑父、叔父等对亡人追忆，对孝子表示安慰，并告诫继承遗志，发奋图强以慰亡人。随后，舅父、叔父扶孝。旋即，笙师吹笙，鼓师击鼓。焚财化纸时，孝男长跪于柩前，众亲友分别跪拜。出殡当日之黎明，笙师奏响黎明曲、寻猪曲、熄水火曲，灵卦辞亡人，撤皮鼓，三声炮响后，众孝扶柩出大门捆绑，抬至已备之地场，屠牛祭之。

苗族的丧葬习俗，有很大的浪费成分，尤其是办老人丧事浪费极大。黔东南苗族地区要为老人"砍牛"，仪式很隆重。黔中南麻山地区苗族为老人办丧事，既要"砍马"，也要"打牛"。川黔滇苗族地区为老人办丧事也要杀牛或杀猪和十数只羊。广西隆林苗族地区，老人亡故后，儿子和已出嫁女儿及至亲好友，都要杀牛祭奠。

送葬

出殡时，亡逝者若是老人，则由儿媳点一火把引路出殡，亡逝者若是年轻人，则由其家一名女性点火把引路出殡。点火把者必须紧随吹奏师身后，待棺材起动后从棺材下钻过。芦笙停止吹奏，点火把之人将火把反手向太阳落山的方向抛弃，然后直接回堂屋中，不能回头看。此乃一种仪式。在川黔滇苗族地区，引路者通常为长子或赡养者，出殡后众吊唁者要为亡逝者搭桥，匍匐三正一反，即朝亡逝者坟地方向正向三次匍匐于棺底，然后反向一次匍匐于棺底，意寓送亡逝者三程

亡逝者的心历与节日：身着百鸟衣举幡吹笙的牯藏节队伍

就不送了，要返回了。引路或搭桥仪式后，棺材由众人抬往坟地安葬。

入葬之前，孝子将棺盖打开，亲自清棺，凡金属等不会腐烂的物品一律捡出，棺内不能有竹签等尖锐什物，亦不能有带毛的物件。清棺的目的有多种说法，此举两种，一种认为棺内有不腐物品或尖锐什物会硌着或戳着亡故者，若有带毛的物件，亡故者会变成虎豹或老变婆，一种认为是防止坏人使坏心眼，同时，是让亡故者最后一次看蓝天。清棺后，盖好棺盖，然后鸣枪三响或以鞭炮代之，动土安葬。

复丧

亡逝者安葬后，要"复丧"，各地苗族对亡逝者"复丧"的仪式有所不同，有的是三天"复丧"，有的是十三天"复丧"。三天"复丧"者，亡逝者葬后第三天，由亡逝者亲人到坟地，取回藏在坟地的竹卦，将死者亡灵接回家，举行"回刹"仪式，杀一只鸡祭扫，并祭献酒肉饭菜，亲戚朋友同吃一餐饭，深夜零点左右，送亡灵出门，烧毁竹卦。至此，丧葬仪式结束。

十三天"复丧"者，安葬当晚要为亡逝者送火，送火送至烧亡逝者不入殓的物品处。安葬后的第一天要送早饭到坟地，招呼亡逝者"食用"，然后告知亡逝者因路途"遥远"，以后就不送到坟地了；晚，送火。第二天早饭送至半路；晚，送火。第三天到坟地送早饭并圈坟护山，然后取回藏于坟地之竹卦，藏于半路，当晚尚须送火。第四天不送饭不送火，但一日三餐都要招呼亡逝者"共餐"，直至第十二天烧七，众亲友前来"复丧"，孝家携众亲友于半路取竹卦前往坟地引领亡逝者省家，在家祭奠后，当晚以竹卦送亡逝者回其坟冢，孝男及众亲友逐一以竹卦送，送毕，将竹卦焚烧。至此，丧葬仪式结束。

埋葬方式

苗族传统上，一般在老人亡故之前，就为其准备好"寿木"。老人亡故，即在家入殓，再抬到墓地入葬。黔东南的个别地方有分别把遗体、棺材运到墓地后入殓的习俗。黔东南从江的个别地区，待老人亡故时，现砍木材在墓地镶成棺材，用担架似

苗族棺木洞葬

的"丧轿",将遗体抬到墓地装入棺内埋葬。

长期以来,苗族主要实行土葬,现在一般有木棺、石棺两种灵柩。木棺使用更为普遍。黔南部分苗族地区实行石棺土葬。墓地的选择,湘西、黔东北纯苗区以及黔东、黔北、渝东南、湘西南、桂西北汉化程度较高的苗族地区多迷信汉族的风水说,择地安葬。黔东南、黔南苗族地区,有的在家族公共墓地安葬,有的请巫师或地理先生择地安葬。川黔滇桂边区的苗族因流动性大,无公共墓地,对亡故者的安葬,懂"地理"者会择墓地,不懂"地理"者多是随遇而葬,20世纪50年代后,居住区域基本稳定,对亡故者安葬的墓地,或多或少也请人"看"。

在埋葬方式上,一些地方苗族有东西向横埋的习俗,如川南、黔西北的一些地区,从前采用横葬,头向东,脚朝西,以示引导死者的灵魂回到祖先故土东方去。苗族对凶死、暴死、难产死、上吊死等认为不吉利,基本不举行丧葬仪式,实行火葬或者二次葬,而且不能葬入集体墓地。苗族基本采用顺葬,脚朝前,头在后,各地苗族都堆土为坟,富有之家还仿效汉族竖立墓碑。苗族丧葬形式,在历史上很复杂。见于记载的除土葬外,尚有洞葬、悬棺葬、树葬等。

树葬,是用树皮将亡逝者包裹起来挂在树上安葬。今这种葬法已基本绝迹,仅个别地区对非正常死亡者采用,但仅用于夭殇,特别是婴儿夭殇,尚有实行树葬遗风。

洞葬,即亡逝者入棺之后,把灵柩停放在天然的溶洞里。这类葬法主要流行于贵州惠水、龙里、贵定、平塘、都匀、独山、罗甸、平坝、长顺、紫云、望谟等地的部分苗族中。近几年来，在民族考古研究中发现了这类葬法的大量遗址。洞内灵柩从魏晋南北朝起到明清两朝止，历朝皆有，以唐宋至明代的为

格凸河上的苗族悬棺葬

最多，但迟至明清时期方有记载。贵州长顺交麻的天星洞，平坝的棺材洞，是其中几个大型的洞葬群，除朽塌不可计数外，可辨认的灵柩在百具以上，多的达五百余具乃至千余具，而且都是头东脚西方向陈列。这类葬式今已绝迹，所存为历史遗物。

悬棺葬，即亡逝者入棺后，把灵柩存放在悬崖绝壁的缝隙中，或在悬崖上打洞插上木桩，将灵柩横放于上。早在唐代，五溪地区就有这类葬式的记载。明代黔中南地区的苗族还普遍实行这种葬法。清代逐渐减少以至消失。到20世纪30年代尚有人家保留这种习俗。现遗俗无存。

随着时代的发展，苗族的丧葬习俗，除保持传统礼仪外，部分稍有改革，大部分苗族地区的丧葬仪式基本从简。但是，这种从简在一定程度上使苗族的丧葬文化逐渐消失，特别是丧葬文化中最精华的部分，因仪式烦琐耗时而从简，于文化的保护和传承很不利。近年来一些苗族地区为了传承丧葬文化而逐渐恢复传统的丧葬习俗，在一定程度上起到了保护和传承苗族传统丧葬习俗的作用，也在一定程度上保护了传统丧葬习俗中的民间文学。

第四章
苗族的精神生活：劳逸结合，寓乐于动

　　苗族作为农耕民族，从南到北，从北到南，辗转迁移，悉晓南北气候差异，懂得轮耕憩作。在传统社会里，唯一的娱乐就是自歌自舞，于是在农耕季节转换间隙，就举行娱乐活动，岁月经久，遂成节日。在节日里除祭祀外，还要举行娱乐活动，以达到娱神娱人的效果。娱乐活动的项目在现代社会演变成了体育活动。苗族的传统体育活动都在节日里。

节日：大节三六九，小节天天有

时岁节日是苗族风情展现得最精彩淋漓的时刻。苗族的传统节日有一百多种，如春节、过苗年、吃姊妹饭节、爬坡节、三月三、四月八、六月六、芦笙节、龙船节、吃新节、赶秋节、花山节、跳花节……数不胜数，一些节日又往往"节中有节"，或者不同地方同过一个节，节庆活动此伏彼起，真所谓是"大节三六九，小节天天有"。

春节

春节，是汉族的传统节日，全国各地的苗族也过春节。苗族过春节称为"客家年"或"吃年节"。在农历三十晚上，家人团聚，不许外人打扰。他们用半掩门放鞭炮以示此时来人不许入内。初一清晨继续燃放鞭炮，敬祖先，除邪恶。人们用两手做拦牛、拦羊状，嘴里说："赶牛，赶羊……"以示六畜兴旺，然后吃年饭。初二开始身着盛装，走乡串户，互相祝贺节日。好客的主人对来宾要敬酒三杯，家家洋溢着节日的欢乐。青年男女聚集在村前寨旁的坪子上，吹芦笙，弹月琴，跳舞唱歌。老年人也会聚到一起，叙旧、交流，诉说过去、展望未来。春节期间，苗族地区会举行一系列的集体活动和娱乐活动。

高坡苗族闹新春

苗年节

苗年节是苗族的传统节日。清代中叶以前,苗族各地过苗年虽很普遍,但时间很不一致,如贵州的剑河、台江、榕江地区在农历十月,而雷山在十月下旬至十一月上旬之间,贵州的松桃、铜仁、威宁地区在十一月。黔中、黔北、黔西、黔南等地在六月。咸同苗民起义以后,由于清政府严禁苗民以节日的方式集会,大部分苗族地区已经不过苗年。苗年现在主要是黔东南、桂西北等地的苗族人民欢庆丰收,祈求来年风调雨顺的传统节日。一般在收获季节以后,有的在农历十月亥日,有的在农历九、十、十一月的卯日或丑日举行。

过苗年前夕,各家各户打扫卫生,备足柴薪,给牲口备足草料;男人杀猪,备好肉、酒、菜,女人做年糕、糍粑,以备待客。

过"苗年"期间,苗族除祭祖、饮宴以外,还举行各种活动。苗族过年时全家守岁,但苗族不设祖宗神龛。他们认为火塘是祖宗神灵依附之地,故全家围着火塘守岁,向祖先敬酒、肉、茶、糍粑,吃"过地餐"。至凌晨,男人燃放鞭炮,迎新年到来。姑娘出门挑"新年水",母亲放鸡、鸭出笼,男人挥鞭赶路边的石头——象征牛,将"牛"赶进栏里。全寨人敲锣打鼓,互相拜年。男子穿上新装,围好头巾,背上锦袋,手捧芦笙;妇女

▲

打着红脸
走亲戚

◀ 欢乐广西
苗年

一身盛装，佩戴银饰、手镯，会集到坪子，跳起欢乐的"芦笙舞"。寨老向群众讲族史、古理，宣讲苗族的优良传统，并与大家商议，修建什么道路、凉亭等公益设施。人们群集野外，拜龙潭、祭田神，吹笙伴舞，预祝来年丰收。

花山节

花山节，又称"踩花山""耍花山"或"踩山"，也叫"跳场"或"跳花"或"花场"，是贵州中部、西部、西北部，云南东南部，四川南部，即川黔滇地区苗族人民的盛大节日。过节日期不尽相同，有的在农历正月，有的在五月、六月、八月下旬不等。节前，邻近的几个苗寨联合产生花山会的三人领导小组，连任三年、七年、十二年不等，花场通常设在地势平坦、开阔的台地。

届时，披上节日盛装的"花场"，灯笼高悬，彩旗飞舞，花杆矗立。身穿对襟短衣，头缠青色长布，腰扎大花带的男子和身着节日盛装、精心梳妆打扮的妇女，吹着芦笙、唢呐，敲着锣鼓，载歌载舞，从四面八方云集花场。芦笙舞贯穿花山节始末，赛歌是花山节的主要项目，爬杆比赛最引人瞩目。赛芦笙、舞狮、武艺竞赛、斗牛、赛马活动，各地不尽相同或兼而有之。芦笙舞给人一种轻松活泼之感，衣着鲜艳的姑娘和着小伙子芦笙的旋律起舞，有的是几个男子"一"字形排开，边吹边舞，姑娘们围绕芦笙队转圈而跳；有的是小伙子吹笙在前，姑娘联臂纵舞于后，或全场数百人随乐齐舞，令人心旷神怡。舞狮活动别有情趣，在矗立的花杆顶端悬挂一个猪头或一只鸡、两瓶美酒，舞

▶ 花山节上的少女

狮毕，比赛爬花杆。爬花杆表演最富有民族特色。表演者边吹芦笙，边绕杆旋转起舞，突然见一个鹞子翻身上杆，头朝下，双腿交叉紧紧绞住杆子倒挂，吹奏芦笙，又一个鲤鱼打挺，身体倒转一百八十度，循环反复一直攀到杆顶亮相。表演者双脚夹住花杆倒挂，吹着芦笙下滑，距地面数尺时，一个筋斗翻下，轻盈自如，博得全场喝彩。妇女的绩麻穿针比赛，饶有风趣，比赛搓麻绳、穿针引线的质量、速度。勤劳、智慧的结晶为她们带来节日欢乐。花山节是青年男女社交的机会，钟情的姑娘会被小伙子撑开的花伞拢去，互相依偎着，倾诉衷肠。花山节到处洋溢着节日的气氛，充满着真挚的友谊、纯洁的爱情。

> **知识链接** **花杆** 用一棵剥皮的松树制成，又高又滑又细，要想获胜是很困难的，人们常常采用人梯的办法摘取胜利品。

去花山节的马帮

近年来，随着苗族地区经济文化的进一步发展，滇东南苗族的花山节影响越来越大，吸引着海内外的苗族前来踩花山，也吸引着十里八乡的其他民族前来观摩。

姊妹节

姊妹节，又称"吃姊妹饭"，被誉为"藏在花蕊里的节日""东方情人节"，是流传于黔东南清水江畔的苗族传统节日。根据地区不同，分别于每年农历二月十五日或三月十五日举行。姊妹

贵州台江姊妹节的盛装

节,以贵州台江县施洞最富特色。

三月十五日清晨,家家户户都备好五彩糯米饭、传统佳肴及芳香四溢的自酿米酒,摆到一处宽敞的院坝里,盛情款待远道而来的客人们。第二天,主人和客人便走到野外,江边草地沙滩上,人山人海欢聚一堂,或对歌踩鼓,或观看斗牛、赛马、跳芦笙,青年男女三三两两邀约游玩,谈情说爱。

姊妹节当天早上,妇女们便早早起来,打扫屋里屋外的卫生。早饭后,姊妹们便相邀到田里去捞鱼。只要田里有鱼,姊妹们就去捞,无论谁家的田,主人家都不会阻拦。如捉了秧鱼,主人家舍不得,会主动拿鸡鸭或腊肉去换。姑娘捞鱼时,小伙儿们有时也跟到田间去,或帮助姑娘们捉鱼,或与姑娘们在田头水间相互嬉戏。中午,姑娘们捞鱼回来后,便和妇女们蒸制姊妹饭、剖鱼杀鸡宰鹅准备迎宾过节。如果有男子客队应邀组织而来,便设大宴集体招待。大宴由妇女们主持进行。宴席选在某家宽敞的堂屋。放上四五米的长桌,桌上摆满已切和未切的鸡鸭鱼肉,其中未切的鸡鸭鱼肉上还插着很多小三角彩旗,以示隆重礼仪。长桌中放有一大簸箕五彩姊妹饭,吃姊妹饭一般不用碗筷,用手抓吃。长桌中还有一两盘特制的,煮开了口露出肉的蚌壳,开口的蚌壳里还会有特意放进去的田螺,饶富意味。席间女主男宾,相饮相戏,飞歌笑语,酣畅淋漓。

姊妹节盛装与五色姊妹饭

午后,姊妹们便精心打扮。穿上精挑细绣的苗族服装,头戴银角银钗银帽,颈戴银项圈、银项链银锁,身披银泡银片银铃,银耳环银手圈手镯等等,全身银饰,少则七八斤,多的一二十斤。她们云集踩鼓场,层层环绕木鼓,跳起轻快的木鼓舞。她们和着鼓点,边舞边唱,以表现她们巧手刺绣的服装,富有的银饰,靓丽的身材容貌以及迷人的歌声。其间千百的银角摇,千百的银身摆动,好似活动的林海雪原,银铃叮当,银佩铿锵,飞歌互答,犹如一部宏大的交响乐。其间还有千万的观光者和对歌伴舞者,直至天黑方散。

晚上,苗族村寨里每家每户,设宴酬宾,欢声笑语。淳朴善良好客的苗族人民,不管你是熟客与生人,也不管你是哪一民族的人,语言是否相通,一样平等相待,酒肉以敬,姊妹饭以赠。当老年宾主们正在举杯相对时,年轻男女们便快快吃了饭,相邀出去了,寻找他们的新朋或故友,或飞歌互答,或情歌对唱,或蜜言说情,花前月下,结双成对,尽兴至通宵达旦。其间姊妹们将她们精心制作的五彩姊妹饭拿来送给她们的阿哥们,饭里巧妙地送上她们的信物以表情达意。如果她们在姊妹饭的包裹里放有一双筷子表示要和男的成双成对;放有苞谷须则是要男子用绣花钱回谢,放松针则要绣花针线,放竹钩表示多来交结,放树杈则表示今生没有缘分,成不了一家等等。即使姑娘不满意某小伙子,但她还是笑脸相对,善以相处,并赠送姊妹饭。

姊妹节已经从一种民间的传统节日逐渐转换成一种开放式的、区域性的公众节日。

四月八

农历四月初八,是贵州贵阳附近苗族人民纪念古代英雄——亚努的传统节日。相传在很早很早以前,苗族人民就在富庶的格罗格桑(贵阳附近)休养生息,过着幸福、美满、丰衣足食的生

◀ 高坡苗四月八节欢快的少女们

活。为了抵御统治者官兵的攻打，足智多谋的首领亚努率苗众英勇抗击，给来犯者以沉重打击，但终因寡不敌众，不幸于四月初八牺牲，葬在"嘉八许"（贵阳喷水池附近）。为了纪念亚努，每逢农历四月初八，身穿节日盛装的苗族人民，都要从四面八方汇集到贵阳喷水池旁集会，举行纪念活动，遂成节日。

届时，喷水池旁红旗招展，人如潮涌，吹笙奏笛、对歌传情、耍狮子、玩龙灯、打球、比武，热闹非凡。四月八的活动在川、鄂、湘、黔等地苗族中也广为盛行，亦遂成苗族的法定节日。

吃新节

吃新节，也叫"新禾节""新米节"。吃新节，是居住在贵州清水江、都柳江中上游的苗族节日。由于居住分散，各地粮食成熟早晚不同，没有统一的规定日期，一般是在农历六至八月举行，或在秋收之前，或在秋收之后，预祝或庆祝丰收。吃新节的活动形式，各地不一。规模较大、活动时间较长的是黔东南地区。按照习惯，在收获的季节里，找一块稻谷长势最好的田，大家就在那里欢庆吃新节。节日当天，家家都用新米做饭，天刚破晓，人们便带上新米饭、酒、鸡、鸭、鱼、肉来到田间，祭过祖先之后，宴席开始，大家围成一个圆圈，每人将手中的酒杯举到下一位的嘴边，老人一声令下，大家接连欢呼三声，便互相敬

吃新节跳芦笙舞 ▶

酒，一饮而尽。顿时田间笑声回荡，对歌、踩塘、跳芦笙等传统的文体活动开始，直到黄昏。

龙船节

龙船节，流行于湘西南、黔东一带苗族中，以湘西南麻阳、黔东南台江、施秉一带最有特色，规模也最大。苗族的龙船节一般在农历五月二十四日至二十七日。过龙船节主要就是赛龙船。

◀ 清水江龙船竞渡

> **知识链接** **苗族的龙船** 用杉木制成，分母船和两侧子船三部分，母船有六个舱，中间的四个舱用来装载龙船节期间亲友馈赠的礼物和水手的食品，两侧子船是水手划桨站立的地方。龙船的龙头雕刻精美，宛似水牛角状的龙角。平时，龙船放在"龙船棚"内。

龙船节前，要举行隆重的祭祀龙船仪式后，才抬下龙船，放入清水江练习和比赛。赛龙船，每船水手有三四十人，由有经验的人当鼓手，水手听从鼓手的指挥，按鼓声节奏挥桨竞渡；又由一男孩儿扮成女装，头戴女银饰，当敲锣手。由最懂水性的人掌舵当艄公，由气力好的壮汉站在船头撑篙。

龙船节是国家级非物质文化遗产，台江、施秉苗族的龙船节，最为有名，在每年农历五月二十五举行。届时进行盛大的龙船竞赛，别有风味，古色古香。龙船是用三只独木船组成，中间母船长二十一二米，两边子船各长十三四米，船头置龙头，其角为水牛角状，船后无龙尾。数十名水手一律穿着藏青色对襟短衫和凡士林布长裤，头戴马尾斗笠，手持五尺多长的船桨，比赛时，只听铳炮一声号令，江面上数船同时竞发，船上皮鼓咚咚，水手们使尽浑身解数，随着急促的鼓点，奋力冲划，劈波而进，江岸上锣鼓喧天，呐喊助威，震天动地。除赛龙船外，还有斗牛、赛马等活动。参观者常有四五万人。

踩芦笙堂

踩芦笙堂,是流行于黔东苗族地区的传统节日,每年农历七月十五日举行。过节时,村村寨寨芦笙队的"芦笙王",先吹起"进堂曲",踩堂的人们便换上鲜艳的服装,拿上舞蹈道具。姑娘们打扮得更加漂亮,细细的长眉描得好似一弯新月,乌黑的长发用红头绳编成一条大辫子盘缠在头上,插满银饰吊珠,脖颈上挂着一环套着一环的银项圈,银手镯几乎遮住了小臂的一半,耳环齐肩,一身上下银光夺目,行走时满身的银器互相撞击发出清脆悦耳的响声。"芦笙王"吹响"上路曲"时,芦笙队便向芦笙堂场进发,前面一人扛着一面大红旗,后面跟着儿童,每人手里拿着竹枝,枝上插着小红旗,继而是男舞队,手拿芦笙吹奏,最后是女舞队,人人手里拿着扇子和花手巾。

踩芦笙不仅是苗族人民的盛大节日,也是苗族男女青年交际恋爱的大好时机,他们以歌舞传情,"踩芦笙堂"成为青年男女结情的场所。"踩芦笙堂"一结束,青年男女便会约请自己的意中人到幽静的山林去对歌、盘歌,谈情说爱。他们互相了解之后,女方就将腰中系的花带作为信物送给意中人,男方则以梳子或小圆镜回赠。这样边说边唱,直到日落月升,约定再相会的日子后,在"分别歌"中依依惜别。

芦笙铜鼓舞

知识链接 **芦笙节** 居住在贵州凯里舟溪一带的苗族，在农历正月十六至二十日要过芦笙节。芦笙节的芦笙堂设在舟溪井坎边的河沙坝上。正月十六日的清晨，主持芦笙堂的老人，扛着芦笙到井坎查看碑文，念："吹笙挑月，乃我苗族数千年来盛传之娱乐活动。每逢新年正月，各地纷纷仿效，以娱乐而贺新年，更为我苗族自由配婚佳期。"念完后倒出葫芦里的米酒，先在碑石上和芦笙堂中央，喷酒数口，各人又饮一大口，吹响了第一支芦笙曲；随之，带着银花首饰、穿着艳丽节日盛装的姑娘和小伙子们随着悦耳的曲调翩翩起舞。小伙子们向意中人"讨花带"，姑娘们则将花带系在中意的小伙的芦笙管上。三天间，青年男女各自物色了心中的伙伴。芦笙节结束时，主持芦笙堂的老人，在碑石、芦笙堂上喷酒米酒，堂中央插上草标，预示芦笙高挂，直到五谷归仓，第四天是闹春，青年情侣，自由谈唱，交融感情，互送信物。

雷山苗年暨牯藏节芦笙场

捕鱼节

　　捕鱼节，又称杀鱼节，是贵州中部独木河及南明河两岸苗族的节日。独木河发源于云雾山，在贵州境内北流至龙里、福泉交界处与南明河汇合，再北流注入乌江。捕鱼节，最初是在播种插秧需要水时，苗族人民在河边祈祷龙王降雨的求雨节，但年长日久，就逐渐演变为捕鱼节了。节日时期，各地不一，从三月到六月，由各寨善捕鱼而有威信的"渔头"商定。届时，青壮男子都要前往山上采集树叶做"闹药"，到河中闹鱼捕鱼，妇女则在家中备办腊肉、香肠、糯米饭和酒。中午时，全家老少都穿着盛装，携带酒肉到河边进餐。食毕，男吹芦笙，女唱山歌，尽情欢乐。到夕阳西下时，才带着鲜鱼回家，另设宴招待亲友或赠以所捕之鱼。

探亲节

探亲节,流行于黔东南部分苗族地区,又叫"吃信节"。历时四天,时间在每年农历六月戍日,"戍"苗语读"信",故名之。届时,远嫁他乡的姑娘,梳妆打扮,穿着如花似锦的衣裙,佩戴琳琅满目的银饰物,满载节日礼品,跋山涉水回家探望父母乡亲。节日期间,村寨欢腾,鼓乐齐鸣,吹起芦笙,翩翩起舞,人声鼎沸,到处洋溢着节日的欢乐。斗牛、斗雀、跳芦笙、拔河、打球等比赛场上,喝彩声此起彼伏。钟情青年男女相邀到树林里、溪水边对山歌,互相倾诉爱慕之情。

六月六赶歌会

大山砍柴柴钩柴,苗家与歌分不开。

一年几度赶歌会,蜜蜂采花路路来。

这是湘西苗族中流行的一首山歌。湘西地区的苗族,无论男女老少,几乎人人会唱歌,上坡劳动有"山歌",请客吃饭有"酒歌",送客出门有"别歌",男女相会有"情歌",婚姻大事有"喜歌"。在节日或者农闲时,则定期举行歌会。

六月六赶歌会,是泸溪、吉首、古丈、沅陵等地苗族聚居区每年举行的娱乐活动。每逢歌会,就成了当地的盛大节日。歌场所在地四邻八乡的苗族、土家族、汉族穿着节日盛装,扶老携

苗族六月六节

幼，聚集歌场。少则几千，多则几万，歌手如云，歌声飞扬。有时要热闹好几天。歌会以对歌为主，主要是男女青年，他们一唱一答，随着歌词的变化，或哄堂大笑，或静默不言，听者津津有味。有的歌手还带着歌师在旁边出点子、提歌词以求压倒对方。这种歌会以对歌盘歌为主，对歌形式不拘泥，可以歌唱劳动、生活，歌唱今天、明天，但大多则是情歌。

赶秋节

赶秋节，是湘西苗族地区的传统节日。每年立秋日举行赶秋节，苗族一般停止农活，身穿节日盛装，邀友结伴，兴高采烈地从四面八方涌向秋场，参加或观看各种文娱活动，唱苗歌、吹唢呐、舞狮子、打花鼓、打猴儿鼓、上刀梯、荡八人秋千，热闹异常。

◀ 苗族的赶秋节活动

> **知识链接** **八人秋千** 形似纺车，高约8米，以粗木支撑，上设八个秋千，每处可坐1~2人。

▲ 湘西苗族十二人秋千

赶坡会

赶坡会，是广西融水苗族隆重的节日。在每年的正月期间，融水各苗族村寨都举行赶坡会，迎接新年的到来。在广西融水，主要的坡会有安太举行的正月十三坡，香粉举行的正月十六坡，即称古龙坡会，安陲举行的正月十七坡，又称"芒哥节"，各个坡会主要活动包括芦笙踩堂、斗马、斗牛、斗鸟等。

一到坡会的日子，各村各寨的队伍就从四面八方涌到芦笙坪上，在各自的芦笙柱下祭祀、踩堂，祈求新的一年风调雨顺，人畜兴旺。芦笙坪是坡会的主要活动场所，芦笙坪上立着各个寨子的芦笙柱。芦笙柱是神圣的象征，柱顶立有一只寓意吉祥的鸟，柱身盘有一条金龙，在芦笙柱下吹笙踩堂，是苗族儿女的欢乐。每一次芦笙踩堂都有上千人参加，气势宏大，非常热闹。

踩堂之后，各项活动就正式登场，有斗牛的，有斗鸟的，也有对歌的，最吸引人的当属斗马。每次斗马，安排两匹公马上场，场中有一人牵着一匹母马，两匹公马为得到母马的喜欢，就在场上争斗起来。斗马是骏马之间力与勇的较量，受到众人的喜爱，也成了广西融水特有的传统群众性娱乐活动。直到日薄西山、决出各项活动的胜者，热闹的场面才会平息，人们才会陆续返寨，依依不舍的目光里邀约着明年再相会。

社节

社节，是苗族祭祀土地神和祖先的传统节日。分春社和秋社，在立春、立秋后的第五个戊日举行。春社接神，秋社送神，有固定的社庙和社坪。社节供祭用的猪，在前一年抽签决定。需敬土地神的人，社节前30～40天内不得参与红白喜事，女人和家有孕妇的男人禁止参加。祭社之前，各家交一斤糯米用以酿酒和蒸饭。是日晨，由师公挨家挨户求福，早饭后，大家齐聚社坪、社庙，杀猪蒸饭，烧香化纸，祭拜社神，祈佑风调雨顺，五谷丰登，六畜兴旺。祭毕，与土地神共餐同乐。社日忌晾衣、下地劳作、上山烧火、挑柴进寨。

社祭，是中国古代最重要和最隆重的农事祭日，秋社衰微很早，春社遗风只在湖北恩施苗等部分少数民族地区残存。恩施社节具有原始性、神秘性、民族性、地域性，完全自然传承，随着人们生活水平的提高，越来越隆重。

湖北恩施的社节，称为"过社"，是每年必过的岁令节日，主要有"吃社饭"和"拦社"两大内容，在立春后第五个戊日进行。

"吃社饭"，即是采摘野生香蒿，经切碎、搓揉去苦水、焙干成社菜，与腊肉丁、豆干丁、野葱、大蒜苗、糯米、籼米等混合蒸熟成社饭，请亲朋好友会聚品食，并相互馈赠。此俗源自古人社祭，社饭原是敬祀土地神的饭，现演变成具有民族特色的饮食习俗。由于香蒿具有很好的药理作用，能治疗和预防伤、肿、痛、痨、疟、痢、痔等多种疾病，所以社饭是传统药膳。随着时代进步，社饭越做越精，成为恩施佳肴。社饭被评为恩施土家族苗族自治州十大名吃之一。

"拦社"，即是在春社日前祭扫三年内的新坟，第三年最隆重，称"圆坟"。主家请后戚人家送一"泼"和多"泼"花锣鼓班子，准备酒食及纸扎的旗、伞、宝盖等祭品，敲敲打打到坟前祭奠，举行安魂仪式，给坟挂红色的祭帐，在坟前表演狮子舞等文娱活动。此俗源自古人灵魂不灭的思想，认为死去的人三年内灵魂仍游离于人世间，三年后再举行一定仪式将其送走，才真正进入鬼魂世界。因仪式与死人下葬所行仪式相似，民间有"重埋一道人"之说，与二次葬俗有关。

◀ 社饭

水鼓节

水鼓节，是黔东南剑河县革东镇大稿午村一带苗族的传统祭祀节日。水鼓节分为"起鼓"和"踩鼓"两部分举行。每年农历六月第一个卯日之后的第一个丑日举行"起鼓"仪式。上午，身着女人衣裙、头戴斗笠、倒披蓑衣、脚穿草鞋的众多中年男子敲击着木鼓、抬着一只绿头公水鸭、箩筐和酒坛从甘栋榔出发，挨门逐户行走，称"走寨"。众男子抬着收集到的祭祀物品来到村前的小溪边，即老祖公告翌仲被埋之地举行"起鼓"仪式。仪式由寨中一位德高望重、人丁兴旺的老人主持。仪式上，老人右手

> **知识链接** **水鼓节的来历** 水鼓节的来历有一个传说。据传某年，由于久旱不雨，田土干裂，溪水断流，有位叫告翌仲的老祖公为寻找水源来到水鼓节起鼓的地方挖井取水，不慎被倒塌的泥土掩埋罹难，于是他托梦给他的子女说，这个地方很好，就让他在此长眠。第二天，子女们便带上香纸前去"坟"上祭奠，彼时，正好普降甘露。从那之后，每当遇到久旱不雨，当地的人们便邀约来到起鼓的地方，进香烧纸，必显神灵，相沿成俗，遂成节日。

◀ 贵州剑河苗族水鼓舞

苗族水鼓舞

拿着一把刀,左手拿着一只鸭子,一边吟唱,一边把鸭子杀死,并把鸭血洒向四周,众人则在一旁焚香烧纸,酌酒敬主,以祭先人。"起鼓"仪式结束后,众男子抬着木鼓回到"甘栋榔",举行简短的踩鼓活动,寨中老人用酒回敬参加"起鼓"仪式回来的男子。待到第二个丑日,全村的男女老少自发来到大稿午寨边坝子里"踩鼓"。活动期间,革东地区及其相邻的台江、镇远、施秉等地的同一服饰数十个村寨的上万人都穿着盛装前来踩鼓。踩鼓时,木鼓置于踩鼓坪中央,由鼓手敲击,众人围之而舞。内圈多为姑娘和新媳妇,少则三五圈,多则七八圈,人人身着盛装,光彩照人;其次为穿着长衫的中老年人;外圈是身着布衣的男青年。寨中年轻女子还向前来参加踩鼓活动的人们敬酒。活动期间还举行斗牛、赛马、斗鸟等活动。

水鼓节是当地苗族在长期农耕生活和稻作习俗中形成的独具特色的与水、鼓有着共同关系的一种"文化空间",具有广泛的群众性和民间传承性。"水鼓节"以祭祀先人为目的,祭祀的物品必须是一只绿头公水鸭,有别于苗族其他支系用牛或公鸡等,节日还有娱神、娱人之意,在娱神、娱人之时祈求风调雨顺、五谷丰登。

茅人节

茅人节，主要分布在黔东南榕江、剑河、雷山等地，以榕江两汪乡"茅人节"为主要代表。

茅人节，又称"爬茅人坡"或"插茅人"，是居住在黔东南榕江两汪的苗族在长期的历史进程中创造的独特民族婚俗节日。《苗族古歌》叙述道：在远古时代，自先祖蚩尤战败后，苗族便开始了悲壮的迁徙。一部分苗族进入西南山地，沿着清水江、都柳江溯江而上，经历了惨烈的战争和杀戮之后，其中的一些支系隐入两汪大山深处，得以休养生息。他们就是现在的榕江两汪穿短裙的苗族。为了共同抵抗官府的掠夺，他们相互结为异姓兄弟，规定在穿短裙的苗族之间不能通婚，要像亲兄弟一样团结和睦。从那以后，男青年娶媳妇都要到雷山、台江、下江等很远的地方去，姑娘们也都要远嫁他乡。青年们从小青梅竹马，在劳动和情歌中成长、相恋而不能结婚，只能把衷情埋在心灵深处，远嫁姑娘们更是思念自己的家乡和往日的情人。每年农历三月，她们都要回到家乡，在最高的山坡上用新长出的树枝、嫩叶和茅草扎成茅人，插在山顶上，相约情人到茅人附近幽会。后来，榕江两汪短裙苗族之间可以通婚后，这一习俗就慢慢演变为男女青年谈情说爱，自由选择对象的一种重要社交活动。

每年农历二月初，高山上的蕨菜开始出土，男青年便上山砍杂树，把手腕粗的杂树干用茅草包扎成茅人状，插在寨子附近的最高峰。传统习惯是插单不插双，一般插五根以上，中间高两边

茅人节与百鸟衣

低,依次插成一排。到农历三月,男子们不管已婚未婚,都可三五一伙前去与妇女们相会。去时,如若途中遇上同姓兄妹、伯叔等血亲,必须自动回避,或回家干活,改日再去,或另到别的山坡上玩。在茅人坡上,未婚的和已婚的青年男女有较大的社交自由,男男女女在茅人坡上相会后,双方互相对歌。对歌的一般程序是见面歌、赞美歌、盘查歌、思念歌、求爱歌、盟誓歌、分散歌。茅人坡上对歌有对答歌、爱情歌、订婚歌、结婚歌、分离歌、诽亲歌等。

传统体育:节日里的运动

苗族的传统体育活动,多数具有竞技性的功能,少数只具有表演功能或娱乐功能。

武术

苗族武术是苗族人民在抗击敌人和抗暴斗争中自创的有别于其他民族的一种武功,在冷兵器时代对保家卫国起到了极大的作用,曾普遍流行于各地苗族。近二十年来,随着国家对民间体育的逐渐重视,苗族武术在民间逐渐复兴并成为民族体育活动项目参与国家或地方民族体育竞技活动。

湘西地区的苗族武术的历史源远流长,是一种以提高搏斗技能为主旨而又能健体延寿的全能运动,是湘西苗族民间传统体育项目之一。据苗族民间传说,苗族武术始于苗族始祖蚩尤,故有人称之为"蚩尤拳"。苗族武术起源的主要原因是战争。人们为了提高格斗、械斗的技能和技巧,寻找一些方法与形式,湘西

武术

苗族地区称为"舞拳舞棍"。

苗族武术分拳术和器械两类。拳术，是苗族武术的基础，属南拳范畴。演练过程中节奏偏慢，讲究一招一式，架势清楚，动作朴实无华，位置路线清楚。器械，除通用的枪、刀、棍等十八般兵器外，还有一些独特的器械，如钩钩刀、竹条镖、连枷刀、九子鞭等。

射弩

苗族历史以来除了农耕生产，采集渔猎也是生活来源的重要补充，从而弩便成了狩猎的重要工具。射弩，原是为训练弩术而设置，抗敌、抗暴时则是一种训练战术的活动。清末以后，习武风气消退，射弩就逐渐演变为苗族民间逢年过节时的竞技项目。射弩，现主要流行于川黔滇边区的苗族地区，像黔西北、滇东南的苗族地区，逢年过节时会举行民间竞技活动。近二十年来，随着国家对民间体育的逐渐重视，苗族民间射弩活动也就进入到少数民族体育运动会的竞技项目，而且苗族运动员在运动盛会中也取得了相当好的成绩。

◀ 射弩

摔跤

摔跤，原是苗族武术中的一种技能。清末以后，苗族民间习武风气消退，摔跤逐渐成为时岁年节民间娱乐活动的项目。摔跤主要流行于贵州贵阳、惠水一带的苗族地区。这一地区的苗族每年三月三举行跳花节时,都要举行摔跤比赛,夺得冠军者,可获重赏。苗族的摔跤活动,在以前仅在苗族内部举行,现已经成为公开的竞技活动,对促进文化交流和民族团结进步有重要意义。

打秋千

打秋千,是苗族民间一种娱乐性的体育活动,主要流行于湘西、黔东北及滇东南苗族地区,但这些地区秋千的制作有所不同。湘西、黔东北苗族地区的秋千为"立式轮形",似纺车,似水车,装有座位,或两座或四座或八座,与汉族传统的"荡秋千"不同,也与朝鲜族传统的"荡秋千"不同。

湘西、黔东北苗族地区的秋千称为"转秋",打秋时,旋转飞扬,竭尽其趣,很有益健康。滇东南苗族地区的秋千,立桩于地,凿横木穿孔或配以涡轮或者于横木加配耳槽套于桩即成,横木两端配以扶手,打秋千时,横木一端一人或二人,多以挂腹式姿势,双脚着地作为动力,蹬送一上一下旋转,顺时逆时皆可,像磨旋转,故称"磨秋"。打这种秋千,也称为"打磨秋"。磨秋,除扶手外,一般无保护设置,打磨秋,可能会因磨秋的坚固程度或因打秋人的耐晕眩程度,而具有一定危险性,一旦一端的人坠落,另一端的人极可能受到伤害,故这种秋千的打造不宜设置过高,也正因为这种秋千具有一定的危险性,故一般也不举行竞技性活动。

打秋千 ▶

上刀梯

上刀梯,是苗族民间的一种气功表演体育活动,主要流行于湘西、黔东北苗族地区,其中,黔东北的松桃、铜仁、道真等地苗族的上刀梯技艺较高。上刀梯,相传起源于"王母教"，从而具有一定的神秘性，也非常惊险。

上刀梯，有两种形式，一种是在场坝上竖一根高约两丈的木柱，木柱两边由下而上等距离地横插或绑定十数把锋利的钢刀，每把刀长约一尺五寸，刀口向上，表演者手抓刀口，赤脚踩利刃，逐级向上攀登，登顶时还要表演倒挂、旋转等动作，然后再顺次而下回到地面。另一种是平踩式，即在场地上平放一个长木架，架上安装若干把刀尖向上的钢刀，表演者赤脚在刀尖上反复行走，也有置一把长丈许大钢刀利刃向上而在其上行走表演者，贵州松桃的吉靖羽先生就具有这样的功力，他还曾一度想以这样的方式横跨黄河壶口，创造世界吉尼斯纪录，他的这种想法已经筹划多年，也许哪一天会实现。

◀ 上刀梯

◀ 上刀山

吃火炭

下火海

知识链接 **下火海与吃火炭** 吃火炭与下火海源于苗族巫术活动，主要流行于湘西苗族地区，其他苗族地区仅为巫理作神时偶有看到，并因无烫伤痕迹而具有极大的神秘性。下火海，就是赤脚从烧得通红的犁铧上走过，而毫无烫伤痕迹。吃火炭，就是把烧旺的炭火放到嘴里嚼，而毫无烫伤痕迹。吃火炭与下火海，是苗族民间的一种表演性体育活动，特别是十几年来，随着民族旅游经济的发展，这种表演常见于游客眼前，具有商业表演性质，使游客瞠目结舌之余，带来商机。

打陀螺

打陀螺，是苗族民间的一种娱乐性的体育活动，平时可举行，年节为盛。打陀螺主要流行于滇东南及东南半岛的苗族地区。苗族的陀螺有圆锥、纺锥两种造型，皆由单体坚硬原木手工削制而成。打陀螺，有两种形式，一种是个人自娱自乐，一种是赛陀螺。赛陀螺又有两种形式，一种是陀螺旋转和外加力使陀螺旋转持续时间，另一种是以陀螺相互撞击，而使陀螺的坚硬程度

打陀螺

以及撞击后旋转的持续时间。

苗族打陀螺这种民间娱乐性的体育活动，随着近年来民族节日的打造，逐渐发展成为"陀螺节"，云南马关正在打造"陀螺节"品牌。

打鸡毛毽

打鸡毛毽，是苗族民间的一种节日性体育活动，通常在如过春节等的盛大节日时进行，主要流行于川黔滇桂苗族地区，不仅历史悠久，而且相当普及，老少皆宜。

苗族的毽是用鸡翅膀的羽翎剪成齿状，然后或三支或四支或五支或六支插于厚重的两三寸长的带节的竹筒里制作而成，也有插于码子壳制成者，又称"鸡毛毽"。毽拍皆用木板制作而成，上端宽而为拍，下端圆而为柄。有人认为广为流行的羽毛球，就是源于苗族的鸡毛毽，由西方传教士把苗族的鸡毛毽带到西方而逐渐发展成羽毛球，最初羽毛球的打法也皆源于苗族鸡毛毽的技巧。这正如足球源于中国古代的蹴鞠一样。

苗族打毽活动除正常的体育活动外，也是男女青年交往的一种方式。苗族的打毽活动一直以来都具有竞技性，有单打，也有双打，竞技以毽不落地持续时间长短分输赢，输以搓耳朵或以毽拍拍屁股为惩罚，具有很大的娱乐性。近十几年来，苗族有些地区也按羽毛球竞赛规则进行打毽竞赛，获胜者可获物质奖励或奖金。

◀ 打鸡毛毽

踢芦笙

踢芦笙，是苗族花山节期间举行的特有的竞技体育活动，主要流行于川黔滇苗族地区，特别盛行于滇东南苗族地区。踢芦笙有吹笙而踢和以持笙状而踢两种形式。

吹笙而踢是苗族传统的踢芦笙方式，参赛者边吹芦笙边寻找对方的空当而踢，使对方倒地或越出规定界线而赢之，若棋逢对手，数十回合不分输赢，精彩绝伦。以持笙状而踢，虽然也是苗族传统的踢芦笙方式，但主要是照顾不会吹芦笙的竞技者，随着民族关系交融和民族团结进步的发展，以持笙状踢芦笙也是为了吸引和吸收其他民族参与活动而采取的方式，输赢判定同吹笙而踢。踢芦笙不管以何种方式进行，都有规则，可踹、可蹬、可扫，禁踢、禁躒，以防伤及生殖器部位，也正因为如此，除生殖器部位外，其他部位皆可作为"踢"的目标，这要看竞技者的功力。近十年来，苗族花山节常获地方政府资助和扶持，以打造民族节日品牌，踢芦笙优胜者可获较丰厚的实物奖励或奖金。

踢芦笙 ▼

赛马

赛马，是苗族民间在盛大节日举行的体育活动，竞赛时，分裸骑和佩鞍骑。裸骑比骑马术，佩鞍骑比马的速度。苗族民间赛马活动，现主要流行于黔西北、黔东南地区。苗族的赛马活动，既有益于健康，又利于锻炼品格意志。另外，广西融水苗族地区，长期以来也有赛马活动，但这种赛马，不是骑马竞赛，而是马与马的相互撕咬，虽属赛马活动范畴，但实际是"斗马"与"马斗"。

◀ 斗马

知识链接　**爬花杆**　苗族花山节期间举行的特有的体育活动，主要流行于川黔滇苗族地区，特别盛行于滇东南苗族地区。爬花杆主要属表演性体育活动，目的是表演者摘取挂于花杆较高处的什物。爬花杆有吹笙而爬和徒手而爬两种形式。吹笙而爬是苗族传统的爬花杆方式，难度较大。徒手而爬也是苗族传统的爬花杆形式，相对容易，其方式、技巧与吹笙而爬相同。

◀ 花山节
爬花杆

第五章
苗族的宗教与祭祀：
万物有灵，祖先为尊

　　苗族居住的地区不仅自然景观清雅雄秀，而且苗族风情十分浓郁。苗族有许多节庆活动、宗教祭祀活动、文化娱乐活动，内容丰富，情趣盎然。苗族宗教信仰源远流长、历史悠久，大多数苗族崇尚万物有灵，少数苗族信仰人文宗教。

宗教信仰：鬼神与上帝同在

苗族崇拜多种神灵，从万物有灵论的自然崇拜、图腾崇拜、祖先崇拜到迷信鬼神、巫术盛行。明清时期，道教、佛教传入苗族地区，但信仰者寡。1885年以后，基督教、天主教传入苗族地区，有数万信徒。苗族宗教信仰复杂，近代以来的宗教信仰可谓"鬼神与上帝同在"。

祖先崇拜

祖先崇拜在苗族社会中占有十分重要的位置，他们认为祖先虽然死去，其灵魂却永远与子孙同在，就住在神龛里。逢年过节必以酒肉供奉，甚至日常饮食也要随时敬奉祖先，有点儿酒肉也要先祭祖先。过年过节更是要祭祀。有些地区有鼓社祭祖仪式，一个宗族、氏族以鼓社为单位定期祭祀祖先，以吹笙跳鼓、斗牛

◁ 姑娘出嫁时拜别祖先

等形式祭祀祖先，杀牛、杀猪以敬祭、祈祷祖先庇佑后代身体健康、子孙繁衍。许多地区定期或不定期地举行祭祖盛典，在湘西有"敲棒棒猪""椎牛祭祖"，黔东南有"吃牯藏"，黔中南地区有"敲巴郎"，黔西北、滇东北有"打老牛"，川南、黔北、黔西北、黔西、黔西南、桂西北、滇东南、滇西北、滇西有"䒕挽"。其中，黔东南苗族地区的"吃牯藏"至今盛行不衰，最为典型。

一些苗族祭公安庙、土神祠，有的奉梅山神。有的支系神龛

> **知识链接** **"吃牯藏"**亦称祭鼓节、鼓社节、牯藏节，以宗族鼓社为单位，每七年或十三年举行一次大型的祭祀祖先活动。他们认为祖先的灵魂寄居在木鼓里，祭鼓就是敲击木鼓召唤祖先的灵魂来享用儿孙的供奉。主祭者称牯藏头，牯藏牛须专门饲养。每届祭祀活动前后延续三年。

下设"房房",崇拜祖先,即在堂屋的神壁左下角凿一个洞作先家房,有的是在火炕旁接近中柱的一方安"家先桌"或"家先凳",以示祖先神位,永世不忘祖宗深恩厚德。海南苗族敬奉盘古皇始祖,每年二月初二和六月初六都做粽粑祭奠,同时,信仰墓主仙公、墓主仙婆。苗族有捏食祭祖之习俗,如果有佳肴,必须先以酒肉祭祖,以示怀念。

自然崇拜

在相当长的历史时期内,苗族认为世界万事万物都是充满灵性的,不仅是鸟兽虫鱼具有生命,日月亦能说话,金、银也可以出嫁,而枫树和水的泡沫能够生育后代,繁衍子嗣。苗族用奇特的方式,寄托了对美好生活的向往和渴望,靠着极其丰富的想象力,有着驾驭自然的强烈愿望。苗族对一些巨形或奇形的自然物,往往认为是一种灵性的体现,因而对其顶礼膜拜,酒肉祭供。自然崇拜物有巨石、怪石、岩洞、树木、山林等。

◀ 祭天神

鬼神崇拜

苗族认为天地万物都由看不见的鬼、神主宰着。苗族的宗教观念认为鬼有善、恶之分,世界有阴、阳二界,阳间为人类、动植物世界,阴间为鬼神世界。恶鬼作恶多端,敲诈活人的灵魂,致使人痛苦,灵魂离开躯体,人就病痛致死。人病了,医治,人

吃新节祀谷神

痛了敬鬼，人的病痛，医治与敬鬼相结合。苗族每十三年举行一次的牯藏节，就是为引出山神进寨赐以清洁而进行。神随时会帮助人们消灾灭祸，保护牲畜、村寨，但是，人如果触犯了神，则会受到惩罚，敬祭赔礼后，仍与人为善。苗族敬鬼神、祭祀鬼神活动，有的称为"打棒棒猪"。

苗族认为一些自然现象或自然物具有神性或鬼性。苗族的语言里往往鬼神不分，多数情况下，鬼被认为是被遗弃或受委屈的灵魂和工具所变成的，常给人类带来灾难、病痛、瘟疫或其他不幸，如东方鬼、西方鬼、母猪鬼、吊死鬼、老虎鬼等，被称为恶鬼。而有灵性的自然现象常被认为是善

> **知识链接** **神灵崇拜** 猎神崇拜，一些地区的苗族供猎神位，称"能嘎"，于屋外石头旁、大树下或土坎下竖几块石头搭成"石室"。猎神位严禁人和牲畜踩踏，更不允许在猎神位处大小便。
> 　　海南苗族俗信山鬼、海龙公、土地公、为王公等。每次砍山、狩猎都要祭告山鬼保佑。
> 　　药王崇拜，苗族行医的人家供奉药王神位，以一块木板上放一个香坛或在墙上贴几张纸钱表示。
> 　　门神崇拜，家里六畜不顺，要杀小猪祭祀门神，称吃"敬门猪"。吃敬门猪以同姓家族为主，于晚上夜深人静时，在主人家屋内举行。祭祀门神时，一律不准讲汉话，否则必须重新杀猪，一切从头开始。外来客人在征得主人同意后，可以参加苗族人家吃敬门猪，但应一夜不语，以免违禁。吃敬门猪后，要忌门三天，不准外人进入。
> 　　财神崇拜，相信财神，并有"开财门祭"，祭祀时钉一方尺红布于门上，魔公呛咒，杀鸡献祭，以示求财。一些地区的苗族家庭置财神位，每年农历正月间，苗族人家都兴开财门。开了财门后，门上都要贴些红纸，谢绝外人进入。

鬼，具有一定的神性，如山神、谷神、棉神、风神、雷神、雨神、太阳神、月亮神等。苗族对于善鬼、恶鬼的祭祀方法不同。对善鬼有迎有送，祭祀较真诚，对恶鬼则须贿赂哄骗直至驱赶使之远离。

苗族还认为自然界存在许多精怪。如牛在厩内以粪便盖身或在厩内打转将粪踩成圆圈；母猪吃猪仔或躺在食槽里；母鸭吃鸭蛋；母鸡吃鸡蛋；老虎进田；遇到蛇交媾；母鸡发出公鸡的鸣叫；狗做狼嚎等，均属精怪出现。

◀ 祭树神

图腾崇拜

湘西一些苗族地区崇拜盘瓠。他们世代传说着"神母犬父"的故事，即是把盘瓠视为自己的始祖。黔东南一些苗族地区认为他们的始祖姜央起源于枫木树心，因而把枫树视为图腾。另有一些苗族地区以水牛、竹子等为图腾崇拜。

苗族剪纸：盘瓠崇拜

> **知识链接** **人造物崇拜** 苗族地区的人造物崇拜有土地菩萨、土地奶、家神、祭桥、水井等。土地菩萨，苗语叫土地鬼，一般由几块石头垒成，土地屋多为木制或用三块石板搭成，极为简单，设于寨旁路口处或大路边行人休息处。家神信仰存在于川黔滇地区部分苗族中，即在家中设立"家神"偶像。祭桥流行于黔东南大部分苗族地区。龙也是各地苗族的崇拜和祭祀对象。

苗族供奉铜鼓

动物崇拜

苗族是一个古老的农耕民族,在长期的农耕生活中,对牛结下了特殊的情感,至今苗族乃保持着对牛的敬爱与崇拜心理。寨门悬挂带角牛头。一些苗族家中神龛下放有相连牛角,时时不忘祭祀。一些苗族把牛常视为父母。《史记》载:蚩尤有角,牛首人身。可见洪荒之时,苗族先民已崇拜牛。以往,苗族有"椎牛酾酒"的还愿活动。明清时期,湘西邑梅司的黄牛坡就是举行"椎牛祭祖"活动的场所。"椎牛祭祖"一次杀牛达数十甚至上百头,耗费极大,清雍正"改土归流"后基本废止。苗族爱斗牛,以牛相斗,并不是戏牛取乐,而是以斗牛的方式,展示苗族敬牛、爱牛、崇拜牛的特性,在对壮硕、威武、雄悍的斗牛的喜爱中,体验优胜的美感。

牛皮鼓崇拜

苗族崇拜牛皮鼓,视牛皮鼓为能通神灵之物,凡丧葬祭祀活动都要敲牛皮鼓。平时,牛皮鼓都要挂放在养鼓人家特定的地方,禁止随意搬动,禁止敲响牛皮鼓。牛皮鼓,在苗族心目中,

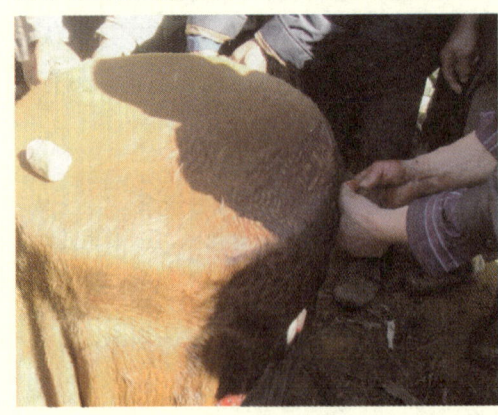

蒙新牛皮鼓

是一种神圣的崇拜物,在远古时代的祭奠中,一面鼓便代表一个部落、一个支系或一个村寨,可以凭鼓声寻根认祖。苗族视牛皮鼓为民族文化的精魂,祖先传下三十六套鼓路,各部落

的打法虽有不同，但只要抓起鼓槌跳起鼓舞，苗族老人们一眼就能辨出击鼓者祖先住在哪寨哪峒。苗族最具特色的是黔东南的苗族僮家人支系，聚族而居，同祭一个"祖鼓"，每年冬至祭祖鼓。祖鼓，象征祖宗，它是僮家人传统信仰、崇拜祖先的精神支柱，是团结整个家族的纽带，是僮家人信仰、崇拜的图腾标志。

巫术信仰

苗族人虔信巫术，巫术活动有过阴、占卜、神明裁判、祭鬼等，还有蛊术。巫术活动由巫师主持。巫师在原生性崇拜和巫术活动中起着主持者的角色，有的地方巫师还兼任寨老。巫师除了熟悉祭祀方法外，大多还能讲述宗支的谱系、民族的重大历史事件和迁徙的路线，熟悉各种神话传说、古歌古词和民间故事，有的巫师还兼有歌师和舞师的职能。巫师是苗族传统文

做法事
▼

咒符

化的重要传承人，在古代苗族社会中充任知识分子的角色。巫师还掌握一定的医术，懂得一些草药，在为人驱鬼的同时，辅以科学的医药手段，以达到"神药两解"的效果。因此，巫师受到苗族民众的敬重。

佛教与道教信仰

苗族信奉佛教的人很少，只在一些不使用苗语的苗族群众中存在。苗族信仰道教的人也不多，信仰道教的苗族也主要是不使用苗语的苗族，但是在使用苗语的一部分苗族中也有信仰道教者，不过，通常是自然宗教与道教混合的宗教。

苗族道士分为文武两班，他们所供奉的神灵和使用的符印、经书都不相同。在斋醮法事中，武道士供奉三清、三元神，文道士则供奉神农神。文道士供奉的神像，其头必大；武道士供奉的神像，其头必小。苗族男性获得道士身份之前要履行受戒仪式，受戒之后，就得到一个法名。其文字及排列次序都是固定不变的，文班的字序为寅、云、道、庙、完，武班的字序为应、胜、法、显、完。取名方法是取其中的一个字为其头，在后面任意加上一个字即可。苗族人受戒的年龄没有限制，大小皆宜。年龄大的，受戒之后便可跟随老道士拜师学艺，熟练了便履行道士的职责；年龄太小的要等长大才举办受戒仪式，但有时为了节省开支，也可先受戒，等长大了再拜师学艺。

天主教与基督教信仰

第二次鸦片战争后，法国天主教凭借《北京条约》渗入到贵州苗族地区传教，因传教士为所欲为，激起苗族的反抗斗争，从咸丰十一年（1861）到同治七年（1868）的八年间，苗族先后在贵阳青岩、开州、永宁、安顺、桐梓、兴义、仁怀、都匀、绥阳及川东酉阳兴起反法国教会的斗争。光绪二十六年（1900）《辛丑条约》签订后，法国传教士在贵州都匀、都江、独山、贵定、八寨建立教会，欺压苗族人民，苗族人民积恨不能平，光绪三十

苗族蜡染：观音普世

二年（1906）终于爆发了吴朝俊领导的"杀洋人，灭洋教"起义。

法国天主教在贵州苗族地区的传播较为有限，苗族信徒很少。光绪二十五年（1899）法国传教士基舍尔进入滇东南苗族地区传播天主教，首先在鲁都克建立教堂，向砚山、开远苗族传教，有数百教徒。清朝宣统二年（1910），滇越铁路建成通车后，法国传教士进一步深入滇东南蒙自、屏边苗族地区传教，由于物质生活落后，一些苗民信奉了天主教。现在滇东南的苗族有上千人信仰天主教。

苗文《圣经》

苗族基督徒在唱《赞美诗》

光绪十年（1884），英国基督教内地会传教士白礼德到安顺传教，光绪十四年（1888）党居仁接替白礼德，专向苗族等少数民族"布道"，实力逐渐扩展到黔东南、黔中、黔西、黔西北，到1950年，苗族教徒达两三万人之众。光绪十三年（1887），英国基督教循道公会传教士柏格里到云南昭通传教，获得发展后其实力扩展到川、黔、滇毗邻苗族地区，到1950年，苗族教徒有三四万人。1906年英国基督教内地会传教士郭秀峰到滇北苗族地区传教，到1950年苗族教徒有两三万人。1909年基督教逐渐传入海南五指山麓万泉河上游的南茂村一带苗族聚居的山区，信徒数十人。1930年，美国基督教安息日会传教士米勒尔在云南昆明通过培训的方式，培训苗族基督徒龙昌德、龙永恩、韩万选等人，并

◀ 大花苗基督徒及其服饰

将他们派到昆明附近的苗族地区传教，1930年，韩万选到富民苗族地区传教，龙永恩到武定苗族地区传教；1934年，龙昌德、胡克昌到禄劝苗族地区传教，到1950年苗族教徒近万人。现今黔西北、滇东北、滇北、黔东南及海南琼中苗族基督徒有五六万人。

祭祀活动：祈福与追思

苗族的祭祀活动，尤以祖先崇拜的祭祀活动为盛，是较大的集体或家族祭祀活动，其他祭祀活动比较小，多属个人行为。规模比较大的有湘西的椎牛、椎猪、接龙，黔东南、桂西北的吃牯藏，黔中、黔中南的敲巴朗和川黔滇边区的乞挽。

椎牛

椎牛，俗称吃牛，史称"椎牛而祭"，是湘西苗族地区最大的祭典，历时四天三夜，不仅家族邻里参祭，亲朋好友也请参祭。椎牛耗费巨大，过去非富豪人家不能举行椎牛祭祀，现在椎牛祭祀已不多见。湘西苗族地区椎牛祭祀，一是为了解除重病，二是为求子嗣。

椎牛祭祀前要先许愿，起初用口许，继而请苗族巫觋用黄牛许，称之为"压彩"。巫觋点烛燃香，摇金铃，摆牛肉，陈牛笼，虔诚咒告牛神。许愿有许一年、两年、三五年不等。

椎牛祭祀多在冬季举行。秋收完毕后，祭主就要着手准备祭牛，祭牛只用水牯牛，如果家中无饲养，则到集市购买。椎牛有椎单牛，也有椎双牛的，有的用白水牯牛，有的用黑水牯牛。单吃与双吃，用黑与白，以祭主家的习惯而定，一般单吃者多，双

椎牛

吃者少，用黑水牯牛者多，用白水牯牛者少。吃双牛者，黑白各一，白水牯牛为首，黑水牯牛次之。不论椎单牛，还是椎双牛，水牯牛均需选四膀四旋，耳目角蹄端正，强壮者。祭牛备办后，邀请家族商量，请巫觋作法报告祖先、转奏天公、告知牛神，敲定椎牛之事。继而请择日先生选定吉期，主家即准备柴米油盐，另请一位长辈或平辈到舅、姑、姐妹家报吃牛酒。

椎牛祭祀时间长，规模较大，宾客众多，事前必须周密筹划。椎牛祭祀前一天，主家要祭祀祖先。常用一头猪和一只鸡祭祀，肉抬至家中煮熟后请族人一顿吃光，如有剩余，连骨带肉全部深埋，绝不能让猫狗食用，否则会遭意外之祸。椎牛祭祀第一天主要是送黄牯牛和敬祖先。用黄牯牛一头和公鸡一只，请巫觋颂起场词、开神，为黄牯牛开天门，送黄牯牛会天公。杀黄牯牛、上黄牯牛肉串、敬祖先。椎牛祭祀第二天活动最多，主要是招神、上客、舅辈踏门进屋、主家司仪宣贺礼、舅辈与主家

湖北宣恩小茅坡营苗族椎牛

语师共说椎牛古根渊源、跳吃牛鼓舞、唱歌，通宵达旦。椎牛祭祀第三天主要是舅辈椎牛。舅辈椎牛有一系列程序，大致是立拴牛柱、给牛喂水喂酒、舅辈绑牛、椎牛、宾主跳鼓舞、唱歌。椎牛祭祀第四天是收牛柱、敬牛头，送舅辈亲朋，主人语师致舅辈谢词、舅辈语师致主人甥辈祝词，后送客散客。

> **知识链接** **椎猪** 俗称吃猪，是湘西苗族地区祭祖的一个重要活动，也是盛大的典祭之一。椎猪与椎牛大同小异。至于有椎牛与椎猪之分，主要与姓氏及家族的习俗有关。椎猪起因于病痛或求子嗣，先由巫觋指示，许吃猪愿，有许愿一年的，也有许愿两年者。用来祭祀的猪常为两只花斑猪，可以是饲养的，也可以是买的，要求是猪体质健壮、耳目周正。饲养或买的猪都要请巫觋报告给祖先，转呈天公，告知猪神。等猪肥大后，准备祭礼，酬谢神恩。椎猪祭祀活动一般在农历十月或冬月下厚霜后举行。如果有椎牛典祭，椎猪必须在椎牛以后举行，相传大牛会踩小猪。择定祭日后，要通知舅姑姻亲前来扛猪腿，亲朋好友前来祝贺。
>
>
> 敲棒棒猪
>
> 椎猪祭祀活动历时两天。头天主要是设祭坛、献牲、禁窬出门、祖饯等活动。第二天在家门口的地坪搭成窝棚状，然后置一尊以衣或裙所饰的祖先模型，请舅、姑作陪。巫觋站在门外，背一个装衣裙鞋袜的背篓，手执木杖，叙述以往椎猪根源，唱招魂曲，另一个身披花被，右手执一把长刀，站在桌子上，左手拿一把代替纸类的木叶，敬猪神。在家门口地坪上立两根花杆，花猪拴在花杆上，等巫觋和舅辈绕花杆三周后，舅辈用木棒椎猪，实则用木棒敲击猪的胸部，直到猪死，故叫"敲棒棒猪"。除猪的五脏六腑取出煮熟致祭外，整猪不分割，放在神桌上祭神。祭毕，将两条猪腿割下送给抬腿的舅、姑，其余切割成块，分送贺客，每家大小不拘，仅表礼仪而已。最后，为祖先饯行，祈祝平安。仪式结束。

接龙

接龙，即邀请龙或敬龙，接龙祭典的规模仅次于椎牛和椎猪。传说狗克龙，故成年忌接龙，农历九月也与龙相克，故接龙要到农历十月后举行。接龙前几天，村中男女老少云集主家闹龙。闹龙时，长者说古道今，青年人练习打鼓、吹唢呐、学唱歌，直到深夜，众人喝干米酒后才散去。接龙期至，亲朋好友皆来道贺。接龙当日，宾主穿戴一新，特别是妇女，服饰格外华丽。接龙神坛设在堂屋里，用一张桌子，上面摆酒碗五个，糍粑五堆。地上铺一张晒席，席子上铺五色布，花布上摆满金银首饰、绣花衣裙，席子中央放一大盘用糍粑制成龙形状的"龙粑"，大盘四角放四盘小龙粑。神座前后左右、屋里屋外都挂满五彩纸花束。门外摆一张桌子，桌子上放七个酒碗，桌边绑一把长矛，矛尖刺在木板上。用两根木桩把捆着四只脚的两头猪钉在地上，用来祭祀。一头祭雷神，一头祭龙神。苗族巫觋起场接龙时，点烛燃香烧纸，敲竹筒，念咒语，摇金铃，打锣鼓，吹唢呐。巫觋用酒敬雷神、献龙神，用咒语把猪呈通雷神、龙神后宰杀，称为"生交"，然后把猪五脏六腑取出洗净煮熟再祭雷神、龙神，称为"熟交"。献祭完毕后，巫觋念咒是请龙、接龙和接雷。

接龙和引雷时，两个主妇穿接龙衣裙、头戴接龙帽，由巫觋带领，分别去两个水井接龙和接雷。接龙队伍出门，接龙途中，插以五色彩纸，沿路站满人群。到井边，接龙觋念请龙咒，引雷觋念迎雷咒。念毕，燃烛烧香，鼓乐齐奏，主妇提清水一壶，撑伞而回。返回途中，主人敲碗欢迎。接龙到门口，巫觋又请龙，

苗族巴岱苗巫接龙队伍

毕，接龙入屋，于屋中绕行三周后就位而坐。堂屋当中掘一洞穴，称"龙穴"，内中置一碗，将泉水倒入碗中，加之水酒、银粉、朱砂等，以石板盖之，俗谓"安龙"。安龙毕，烧纸钱，燃香烛，鼓乐齐鸣，鞭炮喧天，宾主吃肉饮酒以庆。引雷没有接龙隆重热闹，引雷神回，安在屋檐下祭祀。祭毕，招待宾客吃饭。家族另请百家饭。接龙当晚，唢呐、锣鼓齐鸣，通宵达旦。

吃牯藏

吃牯藏，也称吃牯脏、鼓社祭、牯藏节、翻鼓节、踩鼓节、拉鼓节，是黔东南、桂西北苗族最隆重的祭祖仪式。苗族的古老信仰，认为用大牯牛的皮制成的大鼓，是祖先亡灵所居的地方，是一个血缘家族的纽带和象征。血缘家族组成的单位称"鼓社"或"合款"，有"款约"对内维持社会秩序，对外防范敌人侵犯。吃牯脏是

苗族牯藏节祭鼓

知识链接　"吃牯藏"的由来　苗族吃牯藏的由来，被记录在苗族古歌里。古歌叙说枫树是万物的生命树，枫树在上古被女神妞香砍倒后，树根变成泥鳅，树干变成铜鼓，树枝变作猫头鹰，树叶变为燕子，树梢变作鹊鸽，树心里生出了蝴蝶，蝴蝶生下十二个蛋，蝴蝶成为十二个蛋的妈妈。蝴蝶妈妈亲自孵蛋，孵了三年孵出了十一个崽，包括雷公、鬼神、龙蛇、虎豹、豺狼、最早的男人拥耶、最早的女人妮耶等神、鬼、人、兽。其中有一个蛋三年过去了，始终孵不出来，蝴蝶妈妈只好请暴风帮忙。暴风把蛋刮下山岩，碰破了蛋壳，钻出一头小牛。小牛出生后怨恨蝴蝶妈妈没有亲自孵下它，长大记恨不认蝴蝶妈妈，把蝴蝶妈妈气死了。拥耶、妮耶用牛耕地种田，但就是从未有过好收成。鬼神告诉拥耶、妮耶：因为大牯牛不认蝴蝶妈妈，气死了蝴蝶妈妈，蝴蝶妈妈不叫牛耕的田园不长出好庄稼。只有把大牯牛当牺牲，祭祀蝴蝶妈妈，才能求得庄稼的丰收。拥耶、妮耶宰牛祭拜蝴蝶妈妈，立刻迎来大丰收。这是杀牛祭祖"吃牯藏"由来的传说。

苗族
铜鼓舞

苗族祖先崇拜的祭祖仪礼。

吃牯藏包括斗牛、杀牛祭祖、用牛皮蒙鼓、祭鼓等一系列离不开牛的礼仪。祭祀祖宗用的牛皮鼓，分双鼓、单鼓两种。双鼓由大小相同的两只鼓组成，是祖辈传下来的，平时放在久婚无子人家中。据说供奉双鼓，可使无子者得子，子孙繁衍不绝，因此求子者争相存鼓。单鼓为单只，比双鼓略为短小，祭祀时现制造现用，鼓祭结束后，送藏山间岩洞，不再取用，任其腐烂。

吃牯藏分定期过和不定期过两种。定期过所定时间，有三年、七年、十三年举行一次的；有五年、九年举行一回的；有十一年举行一轮的。不定期过，需经过占卜求卦而确定。吃牯藏常在农历九月下旬至十一月上旬，农历八月选吉日将上届用的鼓从

> **知识链接** **敲巴朗** 黔中、黔中南部分苗族的祭祖大典。苗族称水牯牛为"巴朗"。敲巴朗就是杀牛祭祖。这一祭祀活动一般在农历九月逢亥、子、辰日举行。敲巴朗祭祀活动每十三年一大祭，七年一中祭，三年一小祭。敲巴朗祭祀活动有个体和集体两种。单家独户的个体敲巴朗祭祖，称杀"把牙牛"，最多杀两头。集体敲巴朗祭祖，称杀"排牛"，所杀牛的数量有几十头至百头不等。杀牛之前要经过选牛、审牛、立鼓等一系列程序。不论是个体，还是集体敲巴朗祭祖都要唱"巴朗歌"。唱完巴朗歌，才能杀牛祭祖。杀牛后，祭主用牛肉待客，并将部分牛肉用竹签穿成串，称为"串串肉"，馈赠宾客。祭祖活动历时七天，其间要举行一系列的祭祖活动，吹芦笙、敲牛皮鼓，非常热闹，但是耗费也比较大。敲巴朗已逐渐淡化。

祭芦笙柱

藏鼓岩洞中抬回村寨，置于鼓场，称"醒鼓"。然后伐大楠木凿造新鼓，并将新鼓抬入藏鼓洞，宣布启用新鼓，旧鼓废弃。到了牯藏节，于鼓场杀牛祭鼓，牛犄角连同头额骨一起，是主祭品。十三天后，举行牯藏节，踩芦笙、跳铜鼓七至九天。

踩芦笙、跳铜鼓同时进行。铜鼓场中老年人居多，芦笙场多为男女青年，吹芦笙的男青年要轮流为姑娘们领舞，女青年花衣银装，里三层外三层地围成大圈，踏步摆手起舞，男青年在踩芦笙的最后两天，可向看中的姑娘讨花带。姑娘们甚至会把贵重的银项圈、手镯等当信物挂到意中人的芦笙上，每有此情，全场欢呼，衷心祝贺。铜鼓场中央摆着两大缸米酒，两个男青年捧着盛满酒的大牛角杯，以竹棍敲着牛角，在舞者中选择敬酒对象。被选中者要倾杯而饮，不能用手接杯，否则就得重新来。这种饮酒法叫"喂牛"。进行斗牛时，无论是过路商贩，还是外地游客均视为嘉宾并邀共同观赏斗牛。

供祭祀做牺牲拜祖用的牯牛，要挑腰肥体壮的，并同样被打扮成五颜六色。这些行将牺牲的祭牛中，那些角上挂着银项圈和绿花鞋的，是专用来祭祀女祖先的；而角上挂着头帕和青布鞋的，则是祭祀男祖先的。砍牛要先用三根原木竖起做砍牛架和设祭坛。就绪后把祭牛绑紧在木桩上，然后用斧砍牛。砍牛祭祖仪式必须在日出前结束，砍牛不许外族人参与观看。

吃牯藏整个活动规模庞大隆重，仪式古朴奇特，充满原始意识与习俗，充分展示了苗族先民的社会文化。仪式后，即送祖鼓回山安歇。最后，祭师禀告历代祖宗回山安歇，活动告终。

亏挽

亏挽，是川黔滇桂地区苗族的一个重要祭祀活动。亏挽，是苗语，意为"做簸箕"，称"解簸箕"。亏挽后，意味着逝去的先辈从此成为自由之神，后人可以管也可以不管，这与苗族的祖先崇拜有密切的关系，与苗族的灵魂不灭论有关。亏挽是后人对先辈的怀念。

亏挽，是儿辈祭奠父母亡灵的活动，通常由叔伯主持，若无叔伯或叔伯过世，由长子主持。如果是以家族的形式亏挽，通常也是由叔伯主持，若无叔伯或叔伯过世，可推选兄弟的某人主持。亏挽不唱指路经，芦笙师、主事、管事、厨师等一律请送葬逝者时的原班成员。但若年代久远，原班成员已不在世的，由其后代顶替。后代无人，再另请他人。

届时，有几个逝者，就用几个簸箕，在簸箕内插上三根竹子做支架，若祭奠的亡人为男性，就将苗族传统男式长衫围在竹架上，缠上头帕。如是女的，则用女装做成人的模型，表示死者的形象。祭奠开始，由芦笙师吹"起场曲"，家中亲人端簸箕随吹芦笙师到房前屋后某一特定地方将逝者的灵魂接回家。接灵时，由主持人呼唤逝者的名字，告诉逝者回家亏挽，并献上祭酒。逝者为男性，端簸箕者应是逝者的妹夫、舅子或其后代，逝者为女性，则由其儿女端。亡灵接回堂屋后，安放于堂屋前正中地上，

亏挽：酒食、竹卦与男性逝者

祭奠者向前来参加祭奠仪式的客人磕头致谢。然后开始杀鸡宰羊，亲族和出嫁的女儿姑娘都会拉来一只羊或抱来一只鸡，有的还要杀牛。祭奠者用来祭奠的猪、牛、羊及亲族挚友带来的羊鸡都要一一交予逝者，并告知是谁带来的，猪、牛、羊、鸡杀后要生祭，即把猪、牛、羊、鸡的血稍微煮一下用来祭祀逝者，也有熟祭的，即把猪、牛、羊、鸡的肝煮熟用来祭奠逝者。杀猪或杀牛时，芦笙师吹奏"杀生曲"。宛挽整个活动都在鼓声、芦笙声中进行，随着程序的推移，芦笙曲调也随之变化，如安魂曲、杀生曲、祭血曲、早饭曲、晚饭曲、编更曲等，最后，吹奏送魂曲。

《纳雍苗族丧祭词》书影

宛挽仪式通常为三天，亲朋好友都前来参加，敬酒、唱歌，很是热闹，但也是祭奠家人的伤感之时，女性们的悲鸣声不次于逝者刚过世之时。宛挽，有的人家只在家中办，有的还要出场到屋外宰牛祭奠。杀牛在仪式最后一天早晨到屋外进行。届时，将簸箕、鼓、芦笙等全部搬到杀牛场上，将牛宰杀，煮肉而食。太阳落山后，芦笙师吹奏送魂曲，将簸箕拆毁，踢向太阳落山的方向，称"滚簸箕"，把逝者的灵魂送回祖宗最早发源地，使死者的灵魂找到安身的地方，不再纠缠家人。仪式结束。

随着社会的发展，在一定时期内，苗族的大型祭祀活动，如椎牛、吃牯藏、敲巴朗曾一度在明显淡化，主要的原因是大型祭祀活动耗费与浪费较大。近年来，一些苗族地区的大型祭祀活动又有复苏迹象，与经济发展和非物质文化遗产保护有关。

第六章
苗族的文学艺术：承载历史，传承文明

苗族分布很广，主要居住在贵州、云南、湖南，其余分布在广西、四川、湖北、重庆、海南等地。苗族文学艺术包括民间文学、作家文学、音乐舞蹈、造型艺术等内容。

民间文学：
千古绝唱，喻情晓理

苗族民间文学有韵文和散文两种题材。以韵文最为丰富。能唱的韵文，湘西苗族地区称"莎"，川黔滇苗族地区称"勾"，黔东、黔东南、黔南、桂西北苗族地区称"霞"。不唱而吟的，黔东、黔东南、黔南、桂西北苗族地区称"佳"或"佳理"，湘西苗族地区称"朵"。黔东、黔东南、黔南、桂西北苗族地区还有散、韵结合的说唱文学，称"嘎百福"。能唱的韵文体作品，按内容分为古歌、苦歌、反歌、情歌、节令歌、习俗歌、新民歌和爱情叙事诗。散文体民间文学，不唱不吟，只说只讲，作品包括神话、传说和故事。

古歌

古歌，又称"史诗"，蕴含着苗族自古以来的历史文化，内容丰富多彩，形式活泼多样，具有浓厚的民族特点。古歌可分为创世史诗、叙事史诗、英雄史诗等三类。

创世史诗 流传于黔东南清水江流域苗族地区的创世史诗《苗族古歌》，分开天辟地、运金运银、打柱撑天、铸日造月、枫香种树、犁东耙西、栽枫香树、砍枫香树、妹榜妹留、十二个蛋、洪水滔天、兄妹结婚、跋山涉水十三部分，长8 000余行。它以古朴的语言，丰富的想象，宏伟的气势，叙述了苗族历史的发展和远古时期人们生活的图景，生动形象地表达了苗族先民的艺术思维和审美观念，寄托了苗族先民对美好生活的追求和憧憬。流传于湘西苗族地区的创世史诗《傩巴傩玛》，长5 000余行，分创世纪、大迁徙、定居生活等三部分。其中，创世纪分开天辟地、射日射月；大迁徙，即跋山涉水。川黔滇苗族地区有创世史诗，尽管有开天辟地、洪水滔天、兄妹成婚、射日射月的内涵，但篇幅不够长，内容分散，系统性不强。

叙事史诗 叙事史诗是对曾出现或发生的历史事实的追忆，

贵州省少数民族古籍整理出版规划小组办公室编：《苗族古歌》书影

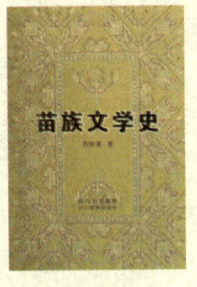

苏晓星著：《苗族文学史》书影

可分为历史叙事史诗、婚姻史叙事史诗、习惯法叙事史诗和战争叙事史诗。历史叙事史诗，叙述洪荒时期人类繁衍、宇宙观、氏族的形成与发展、历法、武器制造、氏族战争、婚姻制度以及政治、经济、历史、文化、习俗等，较有代表性的是流传于湘西苗族地区的《古老话》，即《溯古追根》。婚姻史叙事史诗，叙述爱情悲剧及女性向往婚姻自由、歌颂勤劳、鞭挞懒惰，反对封建迷信、讴歌忠贞爱情，反对舅权婚制等，较具有代表性的是流传于黔东南苗族地区的《仰阿莎》《雄当与配莉》《哈迈》《娥娇与金丹》《阿蓉和略刚》《蔓朵蔓笃》《啊葛玖》《岗妮嘎养嵘》《久宜与欧金》《贞应与秀尤》《优容》。流传于湘西苗族地区的《婚姻理辞》，亦具代表性。习惯法叙事史诗，称"理辞"，黔东南苗族地区叫"佳"或"佳理"，桂西北苗族地区叫"依直"。"理辞"叙述天地万物和人类社会发展、变化、矛盾关系的法则、规则、原则、原理、规律，是对苗族后代进行遵纪守规教育的口头教材，也是鼓主、榔头、理老、寨老调解民事纠纷和刑事案件，向他人说理断案、排解纠纷，向当事人叙说和判断是非曲直的依据，具有法典、律典、条例的性质。较具代表性的作品是黔东南苗族地区的《苗族理辞》。战争叙事史诗，叙述反抗压迫、剥削斗争史及斗争领导者，斗争史以流传于黔西北的《战争与迁徙》《格虽爷老》《格耶爷老》为代表，斗争领导者当推《张秀眉之歌》《陶新春》。

▲ 中国民间文艺家协会编：《亚鲁王》书影

英雄史诗 苗族英雄史诗以流传于黔中南麻山区域苗族地区的《亚鲁王》为代表。《亚鲁王》的唱颂为特定丧葬场域，内容非常丰富，从开天辟地、万物起源、洪水滔天、箭射日月到

◀ 亚鲁王的后裔们

哈珈王，再到亚鲁王，涵盖了创世史诗、叙事史诗的基本内容，突出叙说了亚鲁王的征战历程。

神话

神话，是苗族民间文学艺术的土壤，也是苗族文化宝库中弥足珍贵的瑰宝。神话经常寓于苗族古歌和苗族史诗之中。苗族各地都有神话流传，无论从内容上或数量上，都显示其丰富性与多样性。许多神话至今还经久不衰地流传在苗族人民的口头上。苗族的神话有创世神话、开天辟地神话、自然及其变化神话、图腾神话、人类起源神话、洪水及人类再繁衍神话、文化起源神话、动植物神话、神及神性英雄神话等类型。

创世神话 黔东南清水江流域苗族地区流传的《苗族古歌》，是比较典型的创世神话。《苗族古歌》为韵文题材，结构宏伟、包罗万象，用盘歌问答的方式和生动贴切的比喻，将幻想中的神话世界和现实生活紧密联系起来，拟人比事，趣味无穷，长6000余行，分《金银歌》《枫木歌》《蝴蝶歌》《洪水滔天》《溯河西迁》等五个部分。《金银歌》包括开天辟地、运金运银、铸日造月、射日射月，叙述苗族先民对宇宙形成的认知和开天辟地的伟大壮举。《枫木歌》包括种子之屋、寻找树种、犁耙大地、撒播种子、砍伐古枫，叙述苗族先民对枫树的图腾崇拜意识。《蝴蝶歌》包括蝶母诞生、十二个蛋、弟兄分居、打杀蜈蚣、寻找木鼓、追寻牯牛、寻找祭服、打猎祭祖，叙述苗族先民的祖先崇拜和丰富多彩的祭祖仪式。《洪水滔天》叙述姜央兄妹结婚，再造人类的事迹。《溯河西迁》叙述苗族先民西迁途中跋山涉水、艰苦卓绝的斗争。《苗族古歌》除奇特的神话幻想之外，还详尽地叙述了苗族族源、古代社会状况和风俗人情，具有较高的历史学、民族学、语言学、民俗学研究价值。

开天辟地神话 苗族的天地开辟神话可细分为天地分开神话、日月山川起源神话、撑天补天神话。

流传于黔东南苗族地区的《开天辟地》是集天地分开神话、日月山川起源神话为一体的民间文学作品，涉及甫方、剖帕、修狃、火耐、姜央诸神。甫方开天辟地，剖帕造就山岭，修狃发明火，火耐疏通江河，姜央造就人类。《开天辟地》的叙述方式较为特殊，以歌的方式，轮回问答，由近至远，追溯天地的起源、人类的产生。

流传于川黔滇桂边区苗族地区的《天地起源》《谷佛补天》，川南苗族地区的《天地歌》，黔西北、滇东北苗族地区的《耶璋笃分天地》，属撑天补天神话，与女娲炼石补天的神话大致相

> **知识链接** **围裙补天** 流传于黔东南苗族地区的《包天》，也属撑天补天神话。《包天》叙述的是盘古的子孙为争天下而打起来，把天撞破了，于是女神用自己的围裙往天上一甩，把天包了起来，从此，天才变得又蓝又平。

同。苗族的补天神话是《女娲补天》的母本。

流传于湘西苗族地区的《古老话》《阿剖仡本》或《果索果苯》属综合性的开天辟地神话，叙述洪水淹没、开天辟地、人种来源、人与妖魔鬼怪毒蛇猛兽的斗争。《古老话》叙述苗族先民开天辟地、射日射月、长途迁徙、立祖立地的过程，是神话了的史诗。《阿剖仡本》叙述人与雷公斗智斗勇，最后战胜雷公，反映人类征服自然神灵的斗争精神。

人类起源神话 苗族的人类起源神话有卵生人、捏土造人、影子化人等三种主要类型。

卵生人，即人类起源的卵生说。流传于黔东南苗族地区的《妹榜妹留》《十二个蛋》叙述妹榜妹留从枫树里生出长大后，与水泡沫游方怀孕，生下十二个蛋，由一只神鸟代为孵化，多年后孵化出人类始祖姜央以及龙、虎、蛇、螺蚁等动物。

捏土造人，以流传于桂西北大苗山的《捏人捏兽》为典型代表。神话叙述创世神纳罗引勾用泥土捏成人，放进窑里去烧，然后在"人"的天灵盖上轻敲细摩，于是男女才会哭笑。该神话具有明显的陶器时代的印记。

影子化人，以滇东南文山苗族地区流传的《造人烟》为代表，叙述天地开辟后，天下无人，天神生老派仙女敖玉、仙男敖古下凡成亲，但仙女美丽，仙男丑，仙女不愿成亲，就到处乱跑，仙男随后紧追，仙女仙男的影子投到哪里，哪里就出现了男人和女人。

此外，苗族还有葫芦出人、桃花变人、动植物生人、肉坨变人的神话，或衍生于洪水神话或人类再繁衍神话或图腾神话，为次生神话。

洪水神话 苗族地区普遍有洪水神话。川黔滇苗族地区的《黄水潮天》，川南苗族地区的《根源歌》，滇东北苗族地区的《洪水滔天》，黔东南苗族地区的《兄妹结婚》，湘西苗族地区的《古老话》，都是叙述洪水泛滥和作为洪水遗民的两兄妹如何结婚、再次繁衍人类的神话。尽管不同地区神话的名称不尽相同，酿成洪水的原因不尽相同，兄妹避难脱险的方式不尽相同，兄妹及所涉人物的称谓姓名不尽相同，繁衍人类成分的多寡不尽相同，但其母体却是相同的，即由于神或人之间的斗争而引起洪水毁灭世界，幸免于难的兄妹成婚，再造人类。

射日月神话　苗族地区普遍有射日月神话流传，如黔东南苗族地区的《九十九个太阳和九十九个月亮》，川南苗族地区的《日月歌》，川黔滇桂边区苗族地区的《杨亚射日》，湘西苗族地区的《射日射月》等。射日月神话有的出现在开天辟地神话的内容里，表现为天地开辟神话，创世神或人创造了日月；有的仅是解释日月升落的现象，表现为自然天象神话；更多的是叙述神性英雄战胜酷热而射日、战胜漫漫寒冷长夜而射月，赞颂射日射月英雄的超人力量和业绩，曲折地反映了人类战胜干旱天灾及寒冷冰川等异己力量的理想和愿望。苗族的射日月神话是《后羿射日》的母本。

物种起源神话　苗族保留有较为丰富物种起源神话，且普遍流传，如流传于湘西、湘西南、黔东北、川黔滇桂边区苗族地区的《狗取粮种》，川南苗族地区的《谷种起源》，湘西苗族地区的《事物生成共根源》。这些神话不仅说明谷种是如何来的，而且融有盘瓠神话的因素，当是稻作文化与图腾文化相结合的产物。此外，尚有其他起源的神话，如《芦笙与鼓的起源》，叙述具有苗族文化象征符号的芦笙、木鼓的起源。

推原神话　推原神话，也叫图腾神话，亦即始祖起源神话。推原神话的出现，表明苗族先民已将审视世界的目光，从自然界转向了人类，比较典型的推原神话有湘西苗族地区的《乃夔玛夔》或《神父犬母》，黔东南苗族地区的《榜留榜妹》或《蝴蝶妈妈》。汉文献或苗族民间的蚩尤、驩兜、盘瓠的记载或传说，亦属推原神话。另外，黔西北、滇东北苗族地区的《格蚩爷老》《格耶爷老》，黔西苗族地区的《子尤》、滇东南苗族地区的《孟子尤》，有些人认为"格蚩""格耶""子尤"就是苗族始祖蚩尤。

嘎百福

嘎百福，是苗族的说唱文学，又称"嘎别福"或"嘎福

> **知识链接** **苗族说唱文学：嘎百福** 苗族说唱文学嘎百福流传于黔东南苗族地区，其特点是散韵结合。散文为故事，韵文句数不限，依内容，可多可少。首句为兴句，语音固定，为"嘀嘀侬呵，嘀嘀侬呵"，无实际意义。听众如果是客人、青年或阿公阿婆等，可以把"客人们""青年们"或"阿公阿婆"等词语插入兴句最后一个音节前，如"嘀嘀侬呵，嘀嘀侬呵客人们呵"。第二句前三个音节的语音固定为"商侯哩（呵嘀哟）"或"迭侬哩（现在哟）"，然后紧接正式歌词。唱完一层意思后，起句的前三个音节也必须加入"商侯哩"或"迭侬哩"。甲唱完，乙如回答，需要重复甲所唱的歌词，再加入自己所要唱的新内容。

▲

唐春芳搜集整理的《嘎百福歌》书影

歌"，为散韵结合题材。散文为叙述故事，用"说"，韵文为五言押调，内容不固定，即兴表述，用"唱"。嘎百福短小精悍，情节单一，富于讽喻色彩，以反对不合理的婚姻为主要内容，兼有对现实生活其他不良倾向的讽刺、批评和劝导，表现出苗族开朗幽默的性格，具有民族风格特色。

故事与传说

故事与传说为广大苗族群众所喜闻乐见。对故事与传说的讲述是苗族人民娱乐的方式之一，千百年来经久不衰。苗族民间故事与传说无处不有、无处不在，然而，十数年来随着大众媒体和多媒体的出现、推广、普及，苗族民间故事与传说受到较大冲击，出现逐渐退出苗族民间娱乐场域的危险境地，需要通过不同的形式加以收集整理和保护。

流传于黔东南、桂西北苗族地区的故事与传说有《开天辟地》《铸日造月》《桑托射日》《乖狗取谷种》《公鸡请日月》《姜央斗雷公》《兄妹结婚》《猎人老当》《立金和龙女》《八兄弟斗土皇帝》《阿桑与阿脑》《葫芦崽》等等。

流传于黔中、黔西、川南、川东、滇东北和川黔滇等苗族地区的故事与传说很多，诸如《黄水潮天》《盘古开天地》《古时人不会死》《聪明的猎人打老虎》《召赞打老虎得好妻子》《六纪杀老变婆》《召赞和小龙女》《蜥蜴郎和他的妻子》《榜模》《聪明的媳妇》《老卯和猴子》《小五哥和八大嘴的斗争》《水牛与老虎比武》《田螺姑娘与小二哥》《杨娄古伦》《杨亚》等等。

流传在湘西苗族地区的故事与传说，比较普遍的有：《果索果苯》《果颂果孛》《乃戎玛戎》《砍日树月树》《剖果榛和剖果尤》《谎江山》《石三保的故事》《孙文明抗租故事以及莲花山的传说》《仙人桥的传说》《尖岩的传说》《大龙洞小龙洞的传说》《雷公山的传说》《石栏杆的传说》《老虎婆》《黑羊头的故事》《青蛙的故事》等等。

近代以来，苗族的故事与传说大多具有鲜明的阶级性，如《张秀眉是白虎变的》《石柳邓的传说》《三箩泥巴》《两兄弟与财主》《聪明的长工》《红军树》《红军鱼》《贺龙的回马枪》《猪食盆里出银元》《一件绒衣》《包大度的传说》《保班的故事》《支援刘百号》《项崇周的传说》等等。此外，反映爱情和揭露旧社会丑恶现象的故事与传说也很多，如《妮葆香》《娥南约》《阿榜》《樵夫和龙女》《昆和梅姑》等等。

民歌

苗族民歌讲求音韵，有五言体、七言体、长短句，语言简练和谐、匀称，通俗易懂，能表达丰富的思想感情，具有很强的艺术感染力，是苗族民间文学的最重要表现形式，使用范围极广，如至亲好友迎来送往，男女间谈情说爱，讲亲说媒，调解纠纷，制订乡规民约，教育子女，叙述家谱家规，生产劳动，无不以歌的形式表达。

飞歌　飞歌，是苗族歌曲的一种，流行于黔东南、黔南苗族地区，以台江施洞的飞歌曲调最为优美。飞歌的音调高亢嘹亮，豪迈奔放明快，歌声振宕山谷，有强烈的感染力，故名之。飞歌

苗族古歌演唱酒会

多为青年女性所唱，多合唱，少独唱，青年男性偶尔也唱。唱飞歌场合多为喜庆、迎送、节日，见物即兴，现编现唱。飞歌以颂扬、感谢、鼓动内容为主。歌词每首三十句左右，或三字句或五字句或七字句或八字句不等，但多为五字句。飞歌的曲调、拍节较为固定，但可依个人歌喉进行发挥。飞歌起唱，开头较慢，第一句先快后慢，拖音渐高而长，第二句先快后慢，拖音渐低而长，第三句或第四句起为中速，逐渐加快，高潮为快速连唱，然后渐慢渐拖到尾声，拖音渐低而长。飞歌都有拖音，拖音的长短，依个人底气而定。

游方歌 游方歌，是黔东南台江、雷山、凯里、黄平等苗族地区男女青年交往恋爱活动情歌的专称。唱游方歌是苗族男女青年交往恋爱过程中必不可少的活动内容。

◀ 游方对歌

许多苗族山寨专门有游方坪，供男女青年们游方。游方歌可在游方坪唱，亦可在节日盛会或日常赶场的山野间或路旁唱。游方歌可以是单人对唱，也可以是多人和声对唱。游方歌是表达男女青年内心深处感情的歌，曲调婉转细致，深情动人，并带有明显的吟诵特点。游方歌特别强调语言韵律因素，曲调旋律因素退居次要地位。游方歌音程较窄，通常为五六度，少数可达九度音。

> **知识链接 苗族恋曲：游方歌** 黔东南苗族地区男女青年游方，即进行交往、恋爱活动，极大多数要唱游方歌。从双方初次相识相恋，到定情婚约等一系列游方活动都有内容相应而曲调不同的游方歌，如呼唤歌，见面歌，青春歌，赞美歌，相恋歌，求爱歌，婚誓歌，成双歌，深夜歌，分别歌等。初识唱游方歌，内容多为互相试探、赞美并表达交往意愿，称"调子歌"，曲调多且婉转感人，富于咏叹性。相恋唱游方歌，内容多为表达内心的感情和期望，多用比喻和对比手法，充满热情与幻想，曲调亦为"调子歌"。定情婚约唱的游方歌，情深意浓，轻声吟唱，曲调低而细腻，称"说悄悄话"或"数句句"。

传授《苗族贾理》仪式

王凤刚搜集整理译注：《苗族贾理》书影

创世歌、祖先歌、理辞与议榔辞 创世歌，是一种很古老的神话故事歌，主要是叙述天地日月的起源，万物的产生，如《开天辟地歌》《万物起源歌》等，可列入史诗范畴，也可列入神话范畴。

祖先歌主要叙述人类的产生、民族的来源和迁徙，如《人类起源歌》《洪水滔天》等，主题思想积极进取，可列入史诗范畴，也可列入神话范畴。

理辞与议榔辞主要是叙述社会伦理、行为规范，规劝人们弃恶从善以及结盟一致对外约定。理辞与议榔辞属苗族传统社会组织的习惯法范畴，也可列入叙事史诗范畴。

婚姻歌 婚姻歌叙述由氏族内婚到氏族外婚、由母系制到父系制的婚姻演变过程，如流传较广的《兄妹结婚》及黔东南苗族地区《开亲歌》《男妇出嫁》《换嫁歌》，黔北苗族地区的《接女婿》《送亲歌》，湘西苗族地区的《亲言戚语》等。婚姻歌大多数真实地反映了苗族的婚姻史以及苗族自古以来追求婚姻自由的美好愿望，是研究苗族婚姻形态的重要口碑资料。

迁徙歌与生产劳动歌 历史上，苗族迁徙频繁，故普遍有迁徙歌，如湘西的《俚巴俚玛》，黔东南的《跋山涉水》，黔西北的

《杨鲁话》《战争与迁徙》，黔中地区的《格罗格桑》，黔中南麻山地区的《亚鲁王》，川南地区的《杨娄古伦》等。其中，湘西、黔东南、黔中南的迁徙歌，迁徙场面宏大，人与人、人与自然的斗争激烈，属英雄史诗范畴。

生产劳动歌苗族各地都有，但以黔东南的《刺绣歌》《种棉歌》《纺纱织布歌》《蜡染歌》《造酒歌》《造船歌》最为完整，主题鲜明，思想积极奋进，鼓励劳动并创造美好生活。

苦歌与起义斗争歌 苦歌，是叙述苗族受阶级压迫和民族压迫的诗歌，如《逃荒歌》《苗家流落在山坡》《穷人像笼里的小麻雀》，或控诉土司压迫或控诉地主恶霸盘剥或怒斥官府苛捐杂税。

起义斗争歌，又称"反歌"，控诉封建社会的黑暗、压迫与剥削，歌颂苗族人民为取得生存权的反抗斗争，歌曲情调激昂，富于战斗精神。湘西苗族地区的《石柳邓》、黔东南苗族地区的《张秀眉之歌》、黔南苗族地区的《柳天成》、黔西北苗族地区的《陶新春》等很有代表性。

情歌、风俗歌、儿歌 情歌，是苗族青年男女谈情说爱时所唱的歌。用词含蓄优美，富于抒情，有表白式、问答式，托物言情。风俗歌分节日风俗歌、生活风俗歌两种。赛歌与器乐演奏是苗族传统节日活动的基本内容。苗族各地都流传伴嫁歌、出嫁歌和丧歌、哀歌、孝歌等生活风俗歌。苗族儿歌普遍流传，节奏活泼、乐汇单纯、乐句短小、曲式方整，如湘西苗族地区的《捉蜻蜓》、桂西北融水苗族地区的《讨肉歌》《赖粑歌》《放鸭歌》《挑水歌》等。尚有无固定的歌词，即兴编唱的催眠歌和哄儿歌，情感绵缠。

酒歌 苗族的酒歌分礼俗酒歌、叙事酒歌两种。礼俗酒歌的敬酒歌、祝酒歌、敬饭歌、敬菜歌，演唱时带有舞蹈动作。叙事

> **知识链接** **飞歌调酒歌与大歌酒歌** 黔东南苗族地区，酒歌分为飞歌调酒歌与朗诵调酒歌。飞歌调酒歌用于礼俗性演唱，常以一个高亢的乐句起腔，句首和句尾形成长音，上下句反复变化，有庄重气氛。朗诵调酒歌只用于叙事性演唱，偏重于词句的陈述，由一个带有感叹性的衬腔作为起句，连接许多短句组合而成，曲调风格接近语调，节拍经常变化，但起句和段落结束处的收腔总是一致的。黔东南苗族地区流行的酒歌演变为中年人喜唱的"大歌"，分男声大歌与女声大歌两种，但都是双声部尾腔或多声部尾腔的形式。

酒歌由中老年人于节日酒会演唱叙事摆古，对青年进行传统教育和传授知识。苗族的酒歌都是对唱形式，分男声对唱、女声对唱和男女声对唱，一唱一和。礼俗酒歌较短，叙事酒歌少则数十句，多则上百千行。叙事酒歌因其传唱内容广泛，形成了多种不同的类别，有古歌，有苦歌，也有反歌。另外有劝酒歌，即劝人喝酒的歌。

祭祀歌　祭祀歌多为礼师或头人领唱，群众合唱，声腔特点、演唱形式跟祭祀的内容和规模的大小有直接联系，概分三种：其一，盛大祭祖活动的祭祀歌，如黔东南的鼓社歌、牯藏歌，并与铜鼓舞、木鼓舞及芦笙舞同时进行，规模庞大；又如湘西、黔东北的吃牛歌、敲棒棒猪歌。其二，祭祀新去世老人的祭祀歌，如滇东北、黔西北的姑妈话、白喜事酒令歌，杀牛、杀猪和献牲的仪式中，由祭师演唱与芦笙演奏交替进行。其三，巫师祭神除病免灾的祭祀歌，用朗诵调。

苗族民间文学是中国传统文学乃至世界传统文学的重要组成部分。苗族传统文学浩如烟海，有的在历史长河中被淹没和弥灭了，有的随着社会的发展正处濒临消亡的状态，对其发掘、收集、整理、出版任重而道远。

作家文学：
古典与现代，乡土与城市

苗族古代作家不多，文学作品亦有限，可追溯至明清时期，可查阅或可检索的作家文学，有明万历年间湖广麻阳满朝荐的诗词歌赋，如《椒山赋》《流水赋》《折榻歌》《八正歌》等；清康熙年间贵州道真贡生张应迁、张应松等的诗集《荫语山房诗稿》，贵州锦屏龙绍讷的《亮川集》；道光年间永绥张世雄的《绥山歌》《绥城歌》《蚕桑俗歌》，龙纳言的《统计论》；民国北洋政府总理熊希龄的《熊希龄集》。

苗族现代作家文学为数不多，但是成就较大，主要是乡土小说、电影剧作和诗歌。乡土小说以沈从文为代表，其作品以湘西人情世故为题材，具有苗族风格和特点，乡土气息浓郁，如短篇小说《柏子》《龙朱》《萧萧》《丈夫》《月下小景》《赶尸》，中篇小说《边城》，散文《湘行散记》《湘西》，长篇小说《长河》。与沈从文同时代的苗族作家还有舒大桢、覃子豪和紫沫。舒大桢主要从事电影编导和电影剧本写作，先后编写了《最后之爱》《东北二女子》《血洒情天》等十多部电影剧本，宣传抗日救亡。覃子豪主要从事诗歌散文创作，代表作为诗歌《寄宁速》《土壤》。紫沫主要从事小说创作，代表作为长篇小说《洞庭湖的怒潮》。

当代苗族作家众多，作家文学较为丰富，分三个时期。1950—1967年，苗族作家文学有一定的发展，作家主要有陈靖、石太瑞、伍略、潘俊龄、曾仕龙、向秀清、秋阳等。其中，陈靖是军旅作家，作品绝大部分描写军旅生活，如长篇小说《红军不怕远征难》，中篇小说《金沙江畔》，诗集《长征路上》，传记文学《贺龙传》。石太瑞、潘俊龄主要从事诗歌创作，歌颂新中国的成立和苗族人民获得解放的情怀。伍略、曾仕龙、向秀清、秋阳主要从事小说和散文创作。

沈从文小说《边城》

1980—1990年，新老作家交替，苗族作家文学作品如雨后春笋，如杨明渊的散文集《在深山密林中》、潘俊龄的诗集《吹响我的金芦笙》、石定的中短篇小说集《公路从门前过》、伍略的中短篇小说集《山林恋》、中篇小说《麻栗沟》、李必雨的长篇小说《红衣女》、吴雪恼的中短篇小说集《青青的山峦》、贺晓彤的中短篇小说集《爱，充满这颗心》、秋阳的散文集《山居鸟言录》；曾仕龙的中篇小说集《苗王传奇》、石太瑞的长篇叙事诗《玛诺江嘎》、龙治水的诗集《在洗马这片土地上》、凌宇的传记文学《沈从文传》、何小竹的诗集《梦见苹果和鱼的安》。其中，石定的《公路从门前过》获全国第六届文学短篇小说奖，凌宇的《沈从文传》获北京大学郭枫文学奖，伍略的中篇小说《麻栗沟》被评为20世纪贵州20部最佳文学作品之一。

沈从文散文集《湘行散记》

1991年至今，老作家创作热情不减，中青年作家的创作日趋成熟阶段，涌现了一批新的文学作品，如杨明渊的散文集《苗岭情思》、曾仕龙的长篇小说《苗王恨》与《遗嘱泪》、龙潜的长篇小说《绝地》、石太瑞的诗集《唱给故乡》、伍略的中短篇小说集《卡领传奇》、向本贵的长篇小说《苍山如海》、吴恩泽的长篇小

田兴秀著《中国苗族医学》书影

说《伤寒》与《平民世纪》、李荣贞的长篇小说《早春的浮沉》、余学军的报告文学《黄果树,中国大瀑布将不再壮丽》、贺晓彤的中短篇小说集《樟树下的小乐园》、秋阳的传记文学《谢六逸评传》、柳丛梦的散文集《平静的抒情》、游建西的长篇武侠小说《龙吟苗疆》;李顺骅的诗集《红枫岭》;龙岳洲的长篇小说《武陵魂》与《涛江春潮》,第代着冬的中篇小说集《白羽毛的鸟》、太阿的诗集《黑森林的诱惑》、刘萧的短篇小说集《忧郁的村落》。其中,向本贵的长篇小说《苍山如海》获全国1999年"五个一工程"奖,吴恩泽的《伤寒》获第六届骏马奖。

此外,尚有中国台湾苗族作家姜穆,其作品颇丰,有诗歌、散文、杂文、小说、传记及文学评论,如诗集《拾梦》、散文集《红尘寂照》、短篇小说集《家家笙歌》、长篇小说《黑地》与《血地》、传记《狄青传》与《王安石大传》。

民间音乐舞蹈:
笙鼓声清远,飞歌调悠长

苗族的音乐舞蹈具有悠久的历史。民间音乐"飞歌"享有盛名。乐器以芦笙最为驰名。舞蹈以芦笙舞最为普遍,且技巧高,深受国内外赞赏。

民间音乐

苗族民间音乐,有民歌曲调、芦笙曲调、唢呐曲调和箫琴曲调等,其中,最普遍的是民歌曲调和芦笙曲调。民歌曲调包括史歌曲调、情歌曲调、飞歌曲调、丧葬歌曲调、歌鼟。

史歌曲调多为中老年人演唱,带有朗诵形式,往往是唱一

> **知识链接** **歌鼟** 歌鼟流传于湘西南靖州锹里地区,是苗族在与婚恋相关的民俗活动中用汉语方言演唱的一种以多声部为主的民歌。歌鼟具有稳定的多声织体、规整的唱词结构、固定规范的演唱形式以及丰富的题材内容,是中国多声部民歌中独具特色的成熟的民间歌种。歌鼟以讲、领、和尾为主要演唱形式。

段,道白一段,歌词很长,少的有几十行几百行,多的成千上万行。史歌以黔东南苗族地区的最完整,也最有代表性,其曲调浑厚,拍节分明,矫健刚劲。情歌是民歌的一种,为青年男女所唱。曲调很多,旋律柔和优美,调意富于抒情,一般是低声对唱。有些地方如贵州六枝、晴隆的苗族情歌,具有高亢豪放的特点。飞歌以其唱腔高亢、声调洪亮而得名。一般是青年男女交际时对唱。也有的是劳动之余,为表达心情愉快,即兴独唱,也有多人合唱。丧葬歌是对寿终正寝者的悼曲,曲调悲戚,词意凄楚,歌者唱到悲恸时,常常声泪俱下,听者往往泪如泉涌。黔东南、黔中南、黔西北、黔北等地苗族均有,六盘水苗族的悼歌曲调更为著名。苗族音乐曲调大多是承袭传统唱法,著名歌手的主要成就不在于曲调的更新,而在于歌词的创作修饰与提高,所以曲调的变化很少。

乐器

苗族的乐器分打击乐和管弦乐两类,打击乐器以花鼓、木鼓、皮鼓、铜鼓为代表,管弦乐器以芦笙、芒筒、箫笛、飘琴、口琴、木叶为代表。

芦笙 芦笙是苗族最有代表性的传统乐器,古代在所有苗族中都很盛行。近代以来,除湘鄂川黔四省边区苗族已完全失传外,其余各地苗族仍普遍使用。芦笙曲调也是苗族音乐中最有代表性的曲调,且往往因地而异。传统曲调有舞曲、代歌曲、问讯曲、祭祀曲等几种,每种又有若干曲牌。舞曲的节奏较轻快,给人以明显的抑扬顿挫之感。代歌曲曲调柔和婉转,带有尾声。问讯曲曲调缓款,节奏明朗。祭祀曲悲鸣舒缓,悠扬深沉。

◀ 芦笙

唢呐 唢呐是苗族民间喜闻乐见的乐器之一,每逢佳节吉日都要吹奏激荡人心的唢呐曲调,会吹奏唢呐的

苗族唢呐

人很多。湘西苗族地区唢呐使用较广,并配有大号和皮鼓,是湘西苗族代表性的乐器。唢呐曲牌很多,常用的曲牌有:报信调、迎客调、敬酒调、告别调、欢送调、蝴蝶采花、蜜蜂过坳等。蝴蝶采花用于花烛之喜。蜜蜂过坳专门用于殡葬。唢呐有单奏和合奏之分,合奏时声音嘹亮,气势雄伟。

木叶 木叶是苗族富有古风色彩的天然乐器,吹木叶,则是苗族人民的一种古老的民间艺术。木叶的发音,在吹奏时用食指和中指轻轻按木叶于唇间,口中按所奏的旋律疾徐送气,振动叶片,即可吹出不同的声调,音色格外和谐优美动听。用木叶吹奏苗歌和山歌,更具有独特的艺术风格与民族特色。由于苗歌和山歌具有丰富的思想内容和强烈的艺术感染力,所以,吹叶也是按苗歌和山歌的音调吹奏,在吹奏过程中都带有"咿""噢"等这些引子和尾声的衬词。这样使音色得到美化,加深了艺术感染力,使人感到有着浓郁的民族风味。

试芒筒

芒筒 芒筒流行于黔东南、桂西北苗族地区,其构造是用独管安上铜簧,穿入竹筒即成。大的芒筒用树干挖空而成,长约六尺,直径约六七寸;小的有二三尺长,直径约三四寸,由竹筒做成芒筒吹奏起来起到低沉音响作用。通常作为芦笙的配音吹奏,以烘托气氛。

箫笛 苗族的箫笛用单枝竹做成,俗称"横吹笛子,竖吹箫",苗族的笛箫只有五音,但可吹奏各种节拍的乐谱。笛、箫多用于娱乐场所,乐声清脆悠扬。一些苗族老人也用笛箫吹奏一些伤感的往事,乐音低沉凄凉,催人泪下。

此外,苗族的乐器还有瓢琴、月琴、口琴、锣、木鼓、铜鼓等等。

舞蹈

苗族的舞蹈丰富多彩,以芦笙舞、爬花杆舞、花鼓舞、板凳舞、木鼓舞等久负盛名。

芦笙舞 苗族的芦笙舞,是除黔东北、湘西、渝东南、湘西南、鄂西和海南岛苗族地区以外的苗族最有代表性的传统舞蹈,历史悠久,北宋时已进入朝廷表演。苗族喜欢吹芦笙,每吹芦笙必舞蹈,芦笙舞从功能上可分为祭祖、庆典、娱乐与友谊等舞。祭祖、庆典的芦笙舞庄重严肃、规模盛大,用大中芦笙。娱乐与友谊的芦笙舞轻快活跃,可用中小芦笙。舞蹈形式也由群舞、集体舞到双人或单人舞。芦笙舞曲内容可分为礼乐曲、叙事曲、进行曲、歌体曲与舞曲等。芦笙曲加上芦笙舞蹈,即可体现出苗族的各种生活与文化形态。芦笙演奏与舞蹈的形式可分为笙伴舞、笙领舞与笙自舞等。笙伴舞与笙领舞通常是吹笙人可以是七、九、十一或更多人。笙伴舞的吹笙者不舞或在场中小舞,周围男女群众层层环绕舞蹈。笙领舞的吹笙者在前头边吹边舞,男女群体随队伍绕圈踏声舞蹈。笙自舞指小集体、双人或单人吹笙者用小芦笙表演,亦吹亦舞,舞蹈动作高难。舞者配合默契。芦笙动作可概括为轻、移、跨、转、立、踢、别、钗、钩翻等,动作表现或庄重肃穆,或节奏紧凑,或轻松明快、活跃敏捷。黔东南的芦笙舞,由数十名青年男子在前吹笙引导,数十名至百余青年女子踏着芦笙拍节,跟随于后,进三步退一步,围绕场地循序而

苗族芦笙节的芦笙舞

> **知识链接** **芦笙舞：蚯蚓滚沙** 苗族芦笙舞"蚯蚓滚沙"，表演者头脚着地，全身拱起如弹弓，靠颈力、腿力、腰力不停地滚动身躯，如蚯蚓滚沙一般，而两手却紧握芦笙并吹奏，芦笙及其他身体部位不能触地面，难度之大，只有多年练习者和有恒心者方能完成。

进。有的地方吹笙者不参加舞蹈，仅在场地中央起伴奏作用。芦笙舞多在节日活动中于旷野或场坝举行，如贵阳地区正月、二月的"跳花""跳场""四月八"，川黔滇苗族地区的"花山节"等都有举行。黔东南地区的过苗年、春节、吃新节、祭鼓社、爬坡节、龙船节，黔中南惠水三月的跳花，都要举行。黔西北、滇东北、川黔滇的芦笙舞除集体表演外，几人表演的水平更高，有许多高难动作，如倒立、斜伸、蚯蚓滚沙、翻板凳、走竹竿、爬高杆等。

爬花杆舞 爬花杆舞主要分布于川黔滇苗族地区，而且只有在举办花山节时才有表演。通常是吹笙者双手紧握芦笙，不停地贴嘴吹奏，身子倒立用脚爬杆。爬上花杆后，身体忽而斜伸，忽而蜷面，忽而下垂。爬到顶后，要用脚趾取下杆顶物件，再沿杆

倒爬花杆 ▶

而下，在离地数尺处，突然一个跟斗翻身落地，纹丝不动。整个过程都用腿力、脚力、腰力，不能用手帮助。

花鼓舞 花鼓舞分布于湘西、黔东北苗族地区，历史悠久，颇具楚风。有单人舞、双人舞、四人舞、八人舞。有男子舞、女子舞、男女混合舞。鼓有单面鼓、双面鼓，后又发展到四面鼓。花鼓舞舞蹈时，有单人单面舞、二人二面舞、四人四面舞，或每面均为二人

▶ 湘西苗族的花鼓舞

舞。有手击、锤击之分。舞姿有美女梳头、美女插花、壮士舞剑、农人插秧、猴子摘桃、猛虎下山、狮子滚球等三十多种名目。花鼓舞一般在节日里表演。

木鼓舞 木鼓舞主要分布在黔东南、桂西北苗族地区，尤以桂西北融水苗族地区为盛。木鼓舞因木鼓的制作细而长，又称"长鼓舞"。木鼓舞有双人舞、多人舞、男女混合舞等。木鼓舞敲出的鼓点急时如雷鸣，缓时如

▶ 黔中南苗族的木鼓舞

滴水，舞蹈动作是踏二四拍，头、肩、腰、臀各部位的动律均稳定在一节拍时空中统一进行，和谐统一。木鼓舞舞蹈时，全身运动以胯为动力点，甩同边手，头、手、脚开合度大，整个舞蹈动作模仿虫、鸟、鱼、兽、禽的动作，变化时动作粗犷豪迈、矫健敏捷、灵巧活泼。木鼓舞主要有斑鸠舞、斑鸠合翅舞、五祖宗舞、打猎舞等章节，分别表现苗族祖先从东方迁徙来时昼夜兼程，跋山涉水，披荆斩棘，打猎御敌，开垦田土，共祭祖先的情景。

第六章 苗族的文学艺术：承载历史，传承文明 175

板凳舞 板凳舞主要分布在黔东南的一些苗族支系中，是在走亲访友时，妇女们酒后即兴而起的一种舞蹈。舞蹈场地不限，或在家里，或在坪子上。板凳舞的伴奏乐器主要是板凳，因而得名。舞蹈时有两种跳法：一种是由一名妇女敲击板凳，其余妇女围圈用双手随板凳节拍拍手，双脚轮换跳动，边歌边舞；另一种是参加舞蹈之人每人双手各持一只板凳，集中在较宽的坪子上，一起围着圈子转跳，舞蹈动作是先走右脚用脚跟向外、前点两点，双手的板凳也击两下，之后收左脚向内、前点两点，双手板凳也即拍两下，如此反复几遍，然后板凳舞圆圈队形又逐渐转换为面对面并列两队形。舞蹈动作基本同前，舞蹈时两对面伸出右手持板凳相互击一下，又换左手相互击一下，二人在做这两个动作时，各自的右、左脚跟也互换点地，之后，面对面各自转身向外斜成"弓"字形击凳两下，二人屁股相撞，百褶裙飞扬。是一种极具民族特色的舞蹈。

◀ 施秉苗族的板凳舞

民间造型艺术：
缕云裁月，巧夺天工

苗族的挑花、刺绣、织锦、蜡染、剪纸、银器饰品等造型艺术，属工艺美术范畴，瑰丽多彩，久负盛名。

挑花

挑花，是苗族妇女擅长的传统工艺，历史悠久，使用的范围很广，包括头巾、头帽、衣服、背带、背篼等，都有其艺术体现。挑花一般不先起样，仅凭构思于布面数纱挑刺，正面看反面挑，采用打散结构法，严格按布面经纬线逐一挑刺，将诸多的生物形象，用几何图形表现出来。计算之精确，排列之巧妙，令人叹服。苗族各地的挑花技艺都很高，其图形多由小十字、米字、团花、小点花和斜线组套而成，常以桃红色为基调，白色、绿色、紫色点缀其间，或以黑色作底，用对比强烈的红白线勾出轮廓，再以深红、桃红、黄绿线刺图填充其间，画图紧凑饱满，有很高的装饰效果。

◀ 挑花刺绣

刺绣

刺绣，也是苗族妇女的特长。很多作品都具有技术高超，造型奇特，想象丰富，色调强烈，风格古朴的特点。刺绣针法很多，有平绣、凸绣、辫绣、堆花、绉绣、缠绣等十多种，都有很高的艺术欣赏价值。

苗族刺绣图案色调多种多样。黔东北苗族地区以花、鸟、虫、鱼为主，常用粉红、翠蓝、紫等色，较为素净。黔东南地区多以龙、鱼、蝴蝶、石榴为图案，通常用红、蓝、粉红、紫等色。黔中地区用长条、长方、斜线

◀ 刺绣

等组套为几何图案，以大红、大绿、涤蓝等色为主要色调。艺术大师刘海粟对苗族的挑花工艺曾评价：缕云裁月，苗女巧夺天工，苏绣、湘绣比之，难以免俗。

织锦

　　织锦，是一种编织工艺，称"苗锦"或"洞锦"，明清时期已负盛名，主要流行于贵州苗族地区。织锦是用彩色丝线数纱穿梭挑织而成，要通过经纬的纹路来构成图案，不能有丝毫错乱，程式化的作业要求很高。织锦产品分锦带、锦布。锦带宽至四寸，多用作衣饰佩带。锦带织有各种几何图案，也有龙、凤、花、鸟、虫、鱼等，或织有象征吉祥的字句，色调浓烈鲜艳，光彩夺目。锦布宽六七寸，以棉线

织锦 ▶

为经，彩丝线为纬，丝棉混织，工艺的要求很高，编织时费工费力，技术一般的苗族妇女每天仅能织寸许，而技艺高超的每天也只能织二三寸。苗族的织锦有的仅用黑白两种纱线编织，精密细致，黑白分明，色调素净而雅致。

蜡染

　　蜡染，是苗族著名的传统工艺，历史悠久。蜡染制作方法，是将黄蜡加温熔解为蜡汁，再将白布平铺于案上，用蜡刀蘸上蜡汁在布上绘图。绘好后放入蓝靛染缸渍染。然后清水煮沸脱蜡，即现出白色花纹。苗族的蜡染大多出自妇女之手。其水平高低，不在于制作方法，而在于蜡绘艺术。技艺精湛者，一般不先画样，也不用直尺圆规，仅凭构思和手工技巧，就能使所绘图形均

> **知识链接** **省工省力的蜡染：轧染** 湘西、黔东北苗族的蜡染，是先把图案贴于木板上刻成空心花纹，作为"花模"长期使用，需要时，将白布夹于两块同型的花模间，将加热了的蜡汁灌入花模空心处，冷却后打开花模，取蜡布浸染，再用清水煮沸脱蜡即成，称"轧染"。轧染省工省力省时，产量亦高，适合用于市场经济生产。

各式各样的苗族轧染

匀、对称、大方、美观。蜡染图案多得无法统计。

蜡染与苗族生活息息相关，用途很广，图样格式很多。贵州丹寨苗族祭祖时，要穿特制的蜡染衣，叫"祭祖衣"。贵州榕江苗族祭鼓社，要用彩蜡绘制十面旗幡，飘飘屹立于仪仗队之前。丧葬，不少地方也用蜡染布做殉葬衣，花纹多为古老庄严的铜鼓纹、涡妥纹。

银饰

银饰，是苗族著名的锻造工艺。明清以前，苗族男女都喜佩戴银饰，尤以青年女性为最。现在仍是青年女性的主要装饰品。

黔东南苗族的银手镯

银匠吴水根制作银饰

坠铃"龙凤戏珠"银角

而男性于日常已普遍不用。

苗族的银饰品都是苗族男工匠打制的。常见的银饰品有银冠、银衣、银项圈、银手镯、银耳环等。银饰品的工艺，有粗件和细件之分，粗件主要是项圈、手镯，而细件包括银铃、银花、银雀、银蝴蝶、银针、银泡、银索、银链、耳坠等。

从苗族使用的银饰品来看，可分成三种类型：其一，以黔东南、黔南苗族地区为代表，工艺水平很高，佩戴的数量也最多。一个女性最高的佩戴量可达三四十两银子或五六十两银子，少数可达二三百两银子，并以银冠、银衣为突出特点。银冠上焊接的配件，多达数十件至百余件，件件都是精工之作，最显著的是银冠上有两尺多长的宽大的银角，像雄壮的水牛角。银衣是因衣服上载的银饰很多而得名。其二，湘西、黔东北苗族地区的银饰品的主要特点是头巾插银花，肩披银披肩，胸前围腰镶嵌大块银花，耳坠很纤巧。工艺水平也很高。银饰数量已逐渐简化。其三，川黔滇苗族地区，银饰数量较少，仅在发髻间插少许银簪、银梳、银花。大多数苗族地区的苗族妇女普遍佩戴银质的银耳环、项圈、手镯。

剪纸与锉花

苗族的剪纸与锉花是挑花、刺绣的孪生姐妹，为挑花、刺绣服务，是挑花、刺绣的底样或蓝本。苗族的剪纸、锉花在不同地区有不同的叫法，黔东南称"剪花"，湘西泸溪叫"锉花"，吉首、花垣、凤凰叫"凿花"。剪纸与锉花是苗族创造的独树一帜的造型艺术，具有鲜明的地域特征和民族特色。

黔东南苗族地区称剪纸为"剪花""苗花纸"，以台江的施洞、老屯苗族的剪纸最有代表性。苗族妇女把她们各自的聪明才智、喜怒哀乐等审美观融入剪纸图案中，使之与众不同，具有鲜明的民族特色。苗族剪纸多为即兴作品，用剪、扎、挑手法在纸上随意创作或花鸟虫鱼或龙凤麒麟，构图反映了苗族自然崇拜和图腾崇拜心理。画面造型生动，线条自然流畅，具有较高的艺术品位。

　　黔东南剑河革东、新民、新合的苗族剪纸也很有特色，称"花纸""剪花""绣花纸"，用剪、刻、扎等方式。题材范围涉及苗族神话传说和自然界中花、鸟、虫、鱼、动物形象等，诸如双头龙、双头鸟、双头蛇、双身共头龙等共头共身的形象，内容反映了苗族对远古图腾和自然的崇拜，蕴含着大量神秘的宗教文化信息和原始的艺术特征。

　　凿花是湘西苗族独特的艺术形式，历史悠久，古朴纯美。千百年来，凿花在湘西苗族村落传承，又称"花样"。湘西泸溪的踏虎，吉首的矮寨，花垣的排碧、麻栗场，凤凰的叭固、好友、腊尔山等是凿花最繁盛之地。凿花内容丰富多彩，制作独特，工艺精美，图案丰富，所选题材有龙凤呈祥、二龙戏珠、狮子滚绣球、鸳鸯戏水、凤穿牡丹、莲生贵子、花开富贵、十二生肖等，具有浮雕的审美效果。

◀ 苗族锉花

　　苗族的剪纸、凿花的功能体现为刺绣的底样、蓝本和第一道工序，经过二次加工后，剪纸与凿花的纹样在刺绣中得到再现和丰富，是苗族刺绣和服饰艺术的重要组成部分，是苗族民间工艺美术不可或缺的因子，是苗族根据自己民族的审美追求，结合刺绣的要求，通过提炼、加工、集中、变形而创造出来的独树一帜的造型艺术。

苗画

　　苗画，是清朝时期湘西苗族在单色传统绣花样稿的基础上，发展起来的一种独立画种。在湘西苗族地区，于门帘、窗幔、服饰、被面和房屋装饰可见龙凤呈祥、丹凤朝阳、喜鹊闹梅、五谷丰登等图案，皆为苗画佳作。最初，苗画是画师用白色粉浆把绣花图案绘于布料上，然后供妇女们按画刺绣；后来一些技艺高超的画师，舍弃刺绣环节，直接在布料上绘画，由此发展成现在的

苗画：
鸳鸯戏荷

苗画，不仅仍用布画，而且发展到苗画的宣纸画化、水粉纸画化。苗画内容丰富，构图大胆，线条有致，色彩丰富协调，艳而不俗，具有强烈的民族特色。苗画题材丰富，多为喜庆、喜祥、长寿、友谊等吉祥图案及民间传说、神话故事图案。苗画图案常用的有双凤朝阳、凤穿牡丹、鸳鸯戏荷、鱼鸟同乐、双龙抢宝、麒麟送子、蝴蝶伴寿、喜鹊闹梅、鲤鱼跳龙门、龙凤呈祥等。苗画反映了苗族对大自然生灵的热爱和对幸福生活的向往。苗画曾一度濒临失传，在苗族民间艺人梁求瑞、梁永福、梁德颂等祖孙三代的苦心传承、创新下，才得以重焕生机。

学画蜡的苗女

苗族民间造型艺术历史悠久、丰富多彩，久负盛名，然而，随着社会的发展和现代化工业水平的突飞猛进，现代化工业的技艺极大地冲击了苗族的民间造型艺术，并在一定程度上取代或正在取代苗族民间造型艺术的手工工艺，从而导致了苗族民间造型艺术及其手工工艺的衰弱、濒危甚至消失，这就要求不论是苗族，还是其他民族，都要对处于濒危状态的民间造型艺术提出相关的保护政策和采取保护措施。

民间医药：
三千苗药，八百单方

苗族民间医药知识历史悠久，内容丰富，疗效显著，形式特殊，自成体系。

起源

苗族医药的起源很早，见诸史籍的时间也很早。西汉刘向《说苑·辨物》载："吾闻古之为医者曰苗父。苗父之为医也，以菅为席，以刍为狗，北面而祝，发十言耳。诸扶之而来者，举而来者，皆平复如故。"有人认为，"苗父"是"巫医"，也有人认为是"药王"。"药王"崇拜在苗族民间流传甚广，"巫医"在苗族地区普遍存在。

苗族居住区域药物资源丰富，苗族先民较早就了解和掌握了植物药用价值。民间有谚语：百草皆药，人人会医。苗族民间医药起源于苗族先民的生产生活和采集渔猎实践。采集渔猎难免受伤，山间沟溪多药用植物，顺手拈来，如青蒿，搓揉后敷于伤口，既止血，又消炎。又如广泛流传于川黔滇苗族地区的糖药针疗法，直接源于狩猎实践的毒弩药应用。苗族先民将剧毒药汁敷涂于弩箭尖，以猎取虎豹等猛兽，由此引申应用到治病上，用特制的排针或三棱针蘸蜂蜜调制的药汁刺于患处，操作简便，治疗迅速，治疗效果良好。

行医方式

数千年来，苗族民间医药的行医方式长期以"巫医合一"的形式出现。从宋至民国的文献记载也表明这一点，如《宋史·蛮夷列传》载："疾病无医药，但击铜鼓、铜沙锣以祀神。"又如清道光《凤凰厅志·风俗篇》载："疾病延医服药之外，惟祈祷是务，父母病则延老者，十八人牲牢为请命于神，童子病则延巫为之解煞。"清梁雪绳《黔苗词》载："病来不解神农药，杀犬屠牛事鬼师。"民国《剑河县志》载:"民知尚稚,笃信鬼神,患病者不事医药治疗,惟乞灵于巫祝,有跳神走阴诸名色。"可见,苗族民间医药早期的行医方式是"巫医一家,神药两解"。

苗族先民笃信鬼神,巫师是苗族社会知识较为丰富的成员,他们通常掌握一些医疗技术,在用巫术对病人进行心理暗示的同时,用草药或其他方法对病人进行治病,以达到"神药两解"的效果,使苗族民间医药神秘化。苗族民间的一些治疗技术或方法虽然已完全脱离了巫术的内容与形式,但是仍然还有一部分是起源于巫术的,如滚蛋疗法,最初是巫师蛋卜的方式,为加强巫术的神秘性,是将煮热的鸡蛋在病人身上滚动而形成的。又如化水疗法、踩铧口疗法等,都具有较为明显的巫术的痕迹。化水疗法即蒸疗法。踩铧口疗法即灸疗法。

随着社会的发展,社会分工日益细化,巫师仅是掌握苗族民间医药知识和技能的极少数者,而大多数掌握苗族民间医药知识和技能的人都不懂巫术,故而苗族民间医药自近现代以来基本脱离了曾经广为流传的"神药两解"的行医方式。

医药特点

苗族民间医药在清雍正"改土归流"以后,引起了外界的关注。清道光《凤凰厅志·丧葬篇》载:"苗地多产药饵,其药名诡异,非方书所载,或吞或敷,奏效甚捷。"民国《马关县志·风俗篇》载:"苗人,有良药接骨生筋,其效如神。"

时有春夏秋冬,地有东南西北,时节不同,地理位置不同,常见病、多发病也不同,苗族民间医药通常都能因地制宜地应对各种疾病,也能治疗不少疑难杂症。其中,对风湿、偏瘫、急慢性胃病、骨伤、骨髓炎、颈淋巴结核、癫痫、炭疽、肺结核等疾病有较好的疗效;对妇科疾病,如月经病、子宫下垂、不孕不育、避孕绝育等,对产科疾患,如难产、产后病等,以及儿科的惊风、疳积等,都有经效良方。

苗族民间医药对疾病的认识较为朴素,认为疾病是季节气候和外来的风毒、水毒、气毒、寒毒等毒素所致,基本已摆脱了神鬼巫术的桎梏。在一些苗族聚居区域,对疾病病症初步形成了成体系的认识,如黔东南、黔东、湘西等地苗族聚居区,对病症的

采酒药去

认识大体分两纲、五经、三十六症、七十二疾，共一百〇八病症。两纲指冷病、热病。五经指冷经、热经、半边经、快经、哑经。三十六症是指内科病，七十二疾指外科病。苗族民间医药对病症的认识特殊而广泛，不仅包括了人体的消化、呼吸、神经、生殖、内分泌等系统，而且包括了内科、外科、妇科、儿科、皮肤科、五官科、传染科、精神科等疾病的分科。

苗族民间医药在辨证立症确定处方上，以单方为主，既符合经济、简便、速效的原则，又适合苗族人民经济贫困的实际情况和需要。每个单方所列药物，一般仅有一至三味，少数五六味，花钱不多，易记易办，以达到小小单方治大病的目的。苗族民间有"三千苗药，八百单方"之说。

苗族民间医药在治疗疾病时，为了速效的目的，一般采用生药、鲜药，现采现用，只有不易采集或名贵的草药，才会以自然晒干的方式储存，而对具有一定毒性的草药，通常将药物通过晒、炒、浸、酒制、醋制、茶制、渍等加工方法，使药物减低毒性，提高药性，以达到治疗疾病的最佳效果。采集药物的原则是按季节、按物种采生药药性最高的部分，通常是"春用尖芽夏花枝，秋采根茎冬挖蔸，乔木多取茎皮果，灌木当可用全株，鲜花植物取花苞，块根植物取根头，须根植物地上采，草本藤本全株收"。

苗族民间医药在长期的临床实践中，创造了简、便、廉、效的治疗方法，其中外治法别具特色，如熏蒸疗法、滚蛋疗法、糖药针疗法、化水疗法、挑筋疗法、发泡疗法、佩戴疗法、火针疗法、酒火灸疗法、烧药火疗法、放血疗法、药热敷疗法等。其他如妇产科的坐产分娩法，治骨折的背椅法、悬梯移凳法、双胳膊悬吊法，治劳损风湿的踩铧口疗法，治脓肿的打火针疗法，治小伤小病的桐油点烧法，以及劳武结合的体育疗法、气功疗法、推摩按捏法等，都具有民族特色，而且临床效果很好。

诊疗

苗族民间医药诊断疾病，通常采用望、号、问、触四诊法。望，即观察病人，如病人神色、精神状况以及身体各部位的形态，包括指甲、掌心、指纹、外耳、鬓角、毫毛。号，即号脉，除号手脉外，有的苗族地区，如黔东北松桃苗族地区，还号足脉、三关脉、上马脉、下马脉、指间脉、肘脉、昆仑脉、五指脉

号脉

等。问，即询问病人的疾病史，疾病的各种表现。触，即用手触摸病人有关部位，特别是胸腹部，观察其反应。此外，诊断疾病时，还注重发病季节、病人性别、年龄，以确定处方。

发展与传承

苗族居住区域药物资源丰富，苗族应用药物的历史悠久，有的成了历代封建地方官上贡朝廷的主要贡品，如《宋史·蛮夷列传》载："咸平元年，古州刺史向通展以芙蓉朱砂二器，马十匹，水银千两来献。上溪州刺史彭文庆来贡水银、黄蜡。"苗族

常用的一些药物，历代本草也有不少记载，如明李时珍《本草纲目》菖蒲条载："黔蜀蛮人常将菖蒲随行，以治卒患心痛，其生蛮谷中者尤佳。人家移种者亦堪用，但干后辛香坚实不及蛮人持来者，此皆医方所用石菖蒲也。"又如《植物名实图考》载："白及根苗妇取以浣衣，甚洁白，白及为补肺要药。"

清"改土归流"后，苗族民间医药得到较大发展，特别是药物发展更大，曾有过较为兴盛的时期，19世纪末20世纪初，黔东南、湘西苗族地区大批药材经湖南洪江、常德转销外地，刺激了药物的生产经营及药市的产生，据《关岭县志》记载商品类药物已达200余种，其境内地形成了繁荣的"场期药市"，许多苗族民间医生，一方面售药，一方面看病，还进行民族医药的交流。《松桃厅志》记有苗族民间草药52种，《凤凰厅志》记有苗族常用草药100多种，并进入市场销售。"场期药市"的发展，使种植生产苗族民间草药的药园发展起来，促进了苗族民间草药的发展，如湘西、黔西南、黔中南一些地区的苗族民间医药药园已有两百年的历史。苗族民间医药药物品种繁多，包括植物、动物、矿物等1000多种。所用药物，疗效很高，且和中医有许多不同，如光绪《凤凰通志·风俗》载："药色诡异，非方书所载，统称草药。"

张海东、田华咏主编：《苗医正骨》书影

苗族民间医药知识的传承全靠家族相传和师徒相传，不懂苗族语言和风土人情的外族人，很难全面掌握。由于苗族没有传统民族文字和极大多数苗族民间医生缺少汉文化或汉文化水平不高，苗族民间医药的医疗经验、病症认识、药理知识都没有付诸文字的总结，仅以师承父授，或仅以谚歌口传心授为传播方式，故而一些非常有价值的东西也就会随时代的变迁或人情世故而流失、消失、泯灭于历史长河中。

所幸的是，近20年来，苗族的一些仁人志士，通过调查、收集、整理及编译出版了苗族不同地区的民间医药的著述，特别是草本和经效良方，不断探索和研究苗族民间医药所蕴含的医学理论与方法。苗族民间医药是中华民族传统医药的重要组成部分，它历经千年的发展，经久不衰，我们相信苗族民间医药必将继续存在和发展下去，为苗族人民的健康以及人类的健康做出其应有的贡献。

非物质文化遗产：
社会大潮冲击与民族文化保护

苗族凭借数千年来形成的民族精神，以顽强的毅力开拓着生活空间，培育着生息繁衍的环境和幸福生活的愿景，努力去传承着曾经创造的物质文化和精神文化，但是，现代社会大潮的冲击，使苗族曾经创造的非物质文化遗产濒临危机和消亡。所幸的是，近十年来，随着世界各国人民对其非物质文化遗产的抢救和保护呼声日益高涨，各国政府也根据其自身的条件采取各种措施并立法对不同的非物质文化遗产进行抢救和保护，苗族创造的一些非物质文化遗产也受到各级政府的重视，并被列为不同级别的保护对象。

国家2006年开始对各民族的非物质文化遗产甄别评级，到2014年进行到第四批的评级，此间，苗族的非物质文化遗产有53项进入国家级别名录。

苗族非物质文化遗产：锦鸡舞

第一批国家级非物质文化遗产名录

2006年,苗族共计15项非物质文化遗产进入第一批国家级非物质文化遗产名录。

类别	序号	编号	项目名称	申报地区或单位
民间文学	1	Ⅰ-1	苗族古歌	贵州省台江县、黄平县
	5	Ⅰ-5	刻道	贵州省施秉县
民间音乐	54	Ⅱ-23	靖州苗族歌鼟	湖南省靖州苗族侗族自治县
民间舞蹈	126	Ⅲ-23	苗族芦笙舞（丹寨县锦鸡舞，贵定县鼓龙鼓虎：长衫龙，纳雍县滚山珠）	贵州省丹寨县、贵定县、纳雍县
	128	Ⅲ-25	木鼓舞（反排苗族木鼓舞）	贵州省台江县
	133	Ⅲ-30	湘西苗族鼓舞	湖南省湘西土家族苗族自治州
民间美术	321	Ⅶ-22	苗绣（雷山县苗绣、贵阳市花溪苗绣、剑河县苗绣）	贵州省雷山县、贵阳市、剑河县
传统手工技艺	375	Ⅷ-25	苗族蜡染技艺	贵州省丹寨县
	381	Ⅷ-31	苗寨吊脚楼营造技艺	贵州省雷山县
	383	Ⅷ-33	苗族芦笙制作技艺	贵州省雷山县、云南省大关县
	390	Ⅷ-40	苗族银饰锻制技艺	贵州省雷山县、湖南省凤凰县
民俗	467	Ⅸ-19	苗族牯藏节	贵州省雷山县
	470	Ⅸ-22	苗族姊妹节	贵州省台江县
	495	Ⅸ-47	苗族系列坡会群	广西壮族自治区融水苗族自治县
	513	Ⅸ-65	苗族服饰（昌宁县苗族服饰）	云南省保山市

▲ 黔南长衫龙芦笙舞

第六章 苗族的文学艺术：承载历史，传承文明

第一批国家级非物质文化遗产扩展项目名录

2008年，苗族共计10项非物质文化遗产进入第一批国家级非物质文化遗产扩展名录。

类别	序号	编号	项目名称	申报地区或单位
传统音乐	61	Ⅱ-30	多声部民歌（苗族多声部民歌）	贵州省台江县、剑河县
传统舞蹈	126	Ⅲ-23	苗族芦笙舞	贵州省雷山县、关岭布依族苗族自治县、榕江县、水城县
传统舞蹈	129	-26	铜鼓舞（雷山苗族铜鼓舞）	贵州省雷山县
传统美术	315	Ⅶ-16	剪纸（泸溪踏虎凿花、剑河苗族剪纸）	湖南省泸溪县、贵州省剑河县
传统美术	321	Ⅶ-22	苗绣	贵州省凯里市
传统美术	346	Ⅶ-47	泥塑（苗族泥哨）	贵州省黄平县
传统技艺	374	Ⅷ-24	蓝印花布印染技艺	湖南省凤凰县、邵阳县
传统技艺	375	Ⅷ-25	蜡染技艺	贵州省安顺市
传统技艺	390	Ⅷ-40	银饰制作技艺（苗族银饰制作技艺）	贵州省黄平县
民俗	513	Ⅹ-65	苗族服饰	湖南省湘西土家族苗族自治州、贵州省桐梓县、安顺市西秀区、关岭布依族苗族自治县、纳雍县、剑河县、台江县、榕江县、六盘水市六枝特区、丹寨县

▲ 黄平苗族泥哨

苗族刺绣 ▶

第二批国家级非物质文化遗产名录

2008年，苗族共计10项非物质文化遗产进入第二批国家级非物质文化遗产名录。

类别	序号	编号	项目名称	申报地区或单位
民间文学	548	Ⅰ-61	仰阿莎	贵州省黔东南苗族侗族自治州
	563	Ⅰ-76	苗族贾理	贵州省黔东南苗族侗族自治州
传统音乐	608	Ⅱ-109	苗族民歌（湘西苗族民歌、雷山苗族飞歌）	湖南省吉首市、贵州省雷山县
	628	Ⅱ-129	芦笙音乐（丹寨县苗族芒筒芦笙）	贵州省丹寨县
传统技艺	888	Ⅷ-105	苗族织锦技艺	贵州省麻江县、雷山县
传统医药	975	Ⅸ-15	苗医药（骨伤蛇伤疗法、九节茶药制作工艺）	贵州省雷山县、黔东南苗族侗族自治州
民俗	982	Ⅹ-75	苗族独木龙舟节	贵州省台江县
	983	Ⅹ-76	苗族跳花节	贵州省安顺市
	984	Ⅹ-77	苗族四月八姑娘节	湖南省绥宁县
	990	Ⅹ-83	苗年	贵州省丹寨县、雷山县

苗族非物质文化遗产独木龙舟

第三批国家级非物质文化遗产名录

2011年,苗族共计4项非物质文化遗产进入第三批国家级非物质文化遗产名录。

类别	序号	编号	项目名称	申报地区或单位
民间文学	1037	Ⅰ-93	盘瓠传说	湖南省泸溪县
	1062	Ⅰ-118	亚鲁王	贵州省紫云苗族布依族自治县
传统美术	1155	Ⅶ-98	苗画	湖南省保靖县
民俗	1217	Ⅹ-142	苗族栽岩习俗	贵州省榕江县

▲

国家级非物质文化遗产龙舞苗乡吊龙

第三批国家级非物质文化遗产扩展项目名录

2011年,苗族共计11项非物质文化遗产进入第三批国家级非物质文化遗产扩展名录。

类别	序号	编号	项目名称	申报地区或单位
民间文学	1	Ⅰ-1	苗族古歌	湖南省花垣县
传统音乐	608	Ⅱ-109	苗族民歌(苗族飞歌)	贵州省剑河县
传统舞蹈	105	Ⅲ-2	龙舞(城步吊龙)	湖南省城步苗族自治县
传统美术	321	Ⅶ-22	苗绣	贵州省台江县
	324	Ⅶ-25	挑花(苗族挑花)	湖南省泸溪县
传统技艺	375	Ⅷ-25	蜡染技艺(苗族蜡染技艺、黄平蜡染技艺)	四川省珙县、贵州省黄平县
	390	Ⅷ-40	银饰锻制技艺(苗族银饰锻制技艺)	贵州省剑河县、台江县
	888	Ⅷ-105	苗族织锦技艺	贵州省台江县、凯里市
	907	Ⅷ-124	民族乐器制作技艺(苗族芦笙制作技艺)	贵州省凯里市
传统医药	975	Ⅸ-15	苗医药(癫痫症疗法、钻节风疗法)	湖南省凤凰县、花垣县
民俗	984	Ⅹ-77	苗族四月八	湖南省吉首市

第四批国家级非物质文化遗产扩展项目名录

2014年，苗族共计3项非物质文化遗产进入第四批国家级非物质文化遗产扩展名录。

类别	序号	编号	项目名称	申报地区或单位
传统音乐	609	Ⅱ-110	苗族民歌	海南省琼中黎族苗族自治县，重庆市彭水苗族土家族自治县
传统舞蹈	129	Ⅲ-26	苗族芦笙舞	贵州省普安县
民俗	484	Ⅹ-36	苗族牯藏节	贵州省榕江县

苗族与芦笙、铜鼓、芒筒

第七章
苗族的
历史人物：
江山代有才人出

  五千年来，苗族涌现了众多的著名历史人物，如领导苗族先民披荆斩棘、在一定程度上推动了中国社会历史的发展者，如苗族历史文化发展的奠基者，如中国科学技术发展的建设者，如中国民主道路的革命者，如中国抵御外侮的功臣，如苗族教育事业的引导者，如中国现当代文学的巨匠。有诗吟：江山代有才人出，各领风骚数百年。

古代人物:
为名分而呼,为生存而战

相单程(?—49),武陵郡沅陵人。汉建武二十三年(46),沅陵大旱,税赋有增无减。相单程率数万人抗争。汉光武帝遣刘尚镇压,未果。二十四年(47),复遣李嵩、马成镇压,亦未果。再遣马援、刘匡、耿舒、马成、孙永镇压。二十五年(48),马援镇压无果,病死军中。随后,相单程为宋均诱杀。

宋隆济(?—1303),贵州水东人。元大德四年(1300)元廷遣湖广右承刘深取道顺元路远征云南八百媳妇。元军过境征夫、掠马、虐害苗民,苗民苦不堪言。五年(1301)五月,雍真葛蛮土官宋隆济以"反派夫"为号率众起义,元廷迫罢远征八百媳妇,斩刘深,遂调川陕湘滇军及思播土兵镇压。七年(1303)擒杀宋隆济。

> **知识链接** **反穷兵黩武先锋韦同烈**(?—1345)贵州兴隆卫人。明正统年间三次远征云南麓川土司。明军过贵州,沿途征派徭役,肆意骚扰,激起了苗民强烈反抗。明景泰二年(1345)七月,兴隆卫韦同烈率众起义,十二月,明廷调湘川滇黔官兵20万人"围剿"。韦同烈被俘遭斩。

龙许保(?—1551),贵州松桃人。明嘉靖十八年(1539)大旱,官府横征暴敛,苗民生活无着。十九年(1540),龙许保率苗民起义,明廷兴兵30万镇压。三十年(1551),被诱捕遭斩。史称"嘉靖苗民起义"。

包利(?—1736)、**红银**(?—1736),贵州古州人。清雍正武力开辟苗疆,苗民土地被大量兼并。清雍正十三年(1735),包利、红银率古州苗民起义,清水江流域苗民群相附和,波及贵州全省。清廷调滇川湘粤桂黔六省兵力,以哈元生为统帅,董芳为副将,分兵镇压,未果。乾隆元年(1736),命张广泗为七省经略使兼贵州巡抚,对包利、红银进行分化瓦解,包利、红银被俘就义。史称"雍乾苗民起义"。

石柳邓（1737—1796）、吴八月（1729—1796），乾嘉苗民起义军领袖。清雍正实行"改土归流"，武力开辟湘黔千里苗疆，竭力推行厅田、军田的屯田制度，屯田养勇，大量侵占苗民土地，鱼肉苗民。乾隆六十年（1795），石柳邓、吴八月等率湘黔川边区苗民大规模起义。嘉庆元年（1796）苗民起义被镇压。史称"乾嘉苗民起义"。

◀ 石柳邓

张秀眉（1823—1873），贵州台拱翁岗掌就人。咸同苗民起义军领袖。清咸同年间太平天国、捻军、号军、天地会的反清斗争在全国风起云涌。清咸丰五年（1855），贵州台拱厅南界高坡数千苗民因请求清王朝减轻苛征重索而遭到拒绝和驱赶，群情激愤，入台拱城杀黄平知州。三月十五日，张秀眉与苗民其他首领在台拱掌梅尼会盟起义，千里苗疆，群起响应。清政府在相继镇压了太平天国、捻军、号军、天地会的反清斗争后，集中兵力镇压张秀眉领导的苗民起义。同治十二年（1873）四月，张秀眉被俘，五月就义于长沙。张秀眉等领导的贵州苗民起义，史称"咸同苗民起义"。

◀ 张秀眉

陶新春（1825—1867），原名陶正春，又名陶虎，贵州乌蒙人，咸同苗民起义军领袖，太平天国统兵元帅。咸丰十年（1860），陶新春以"降仙"活动在赫章韭菜坪起义。十一年（1861）秋，建立猪拱箐农民政权，与太平天国翼王石达开所部协同作战。同治四年（1865）四月，清廷命云南总督岑毓英调集滇川黔三省兵力镇压苗民起义。五年（1866）六月，猪拱箐

◀ 陶新春

陷落，陶新春转战海马姑，九月海马姑陷落，陶新春被俘，于黔西遭斩杀。

近现代人物：
民族兴衰，国家兴亡，匹夫有责

抗入侵，清洋教：反殖民统治先贤

雷世兴（1808—1868），湖北宣恩万寨人。清末抗英民族英雄。道光十年（1830）中武举人，十六年（1836）授宜昌镇卫昌营奇峰关把总，十八年（1838）授湾塘千总，二十一年（1841）随奕山至广东。同年二月，英军再犯广州。雷世兴率部苦守八炮台。道光二十二年（1842），调浙江守卫海防，八月至九月，雷世兴抗击英军攻浙江定海、宁波等地，屡立战功，受赐蓝翎。二十四年（1844）解甲归田，广行善事。同治七年（1868）病逝。

杨岳斌（1822—1890），原名杨载福，字厚庵，湖广乾州厅人。因镇压天地会、太平天国起义有功，擢升千总、守备、都司、游击、参将、副将、总兵、湖北提督、福建陆路提督、福建水师提督、陕甘总督。同治六年（1867），解任回籍。光绪十年（1884）十月，

◀ 杨岳斌

> **知识链接** **抗外辱，反分裂：蔡光武**（1829—1881）湖广沅陵四都人，抗英抗俄民族英雄。清咸丰四年（1854），随曾国藩镇压太平天国，历任游击、参将、副将、统领、总兵等职，五年（1855）九月四日，诰封"花翎提督衔记名简放总兵"。是时，新疆封建宗教势力作乱，中亚细亚浩罕国派阿古柏率军入侵，沙俄、英国与阿古柏勾结，企图瓜分新疆。光绪元年（1875）五月，朝廷任命左宗棠为钦差大臣，督办新疆军务，蔡光武为主将，进军新疆，大获全胜。三年（1877）五月，阿古柏被击毙，粉碎了英、俄的侵略阴谋，维护了祖国的尊严和领土的完整。七年（1881），蔡兴武告假省亲，旧伤复发病故。

法国侵犯福建沿海，登陆台湾基隆。十二月，杨岳斌受命招募数千苗兵，经赣入闽。十一年（1885）一月，驻泉州，三月，渡台湾海峡，驻淡水，协同刘传铭与法军激战。法军久战不利，遂议和赔款。五月，杨岳斌撤离台湾。九月，奉诏班师。乞回养。十三年（1887），回乡，于乾州捐建杨氏义仓、义学和义地，刊刻《陆公集》，捐修文庙、书院，筹添乾凤永保四厅乡试考棚，赈济饥民。十六年（1890）六月二十七日病卒。追赠太子太保，谥勇悫。著有诗文《杨勇悫公遗集》。

张世富（1838—1885），字凯臣，湖广泸溪岩龙头人，抗法名将。咸丰四年（1854），投湘军杨岳斌水师营。光绪十年（1884），法国入寇，张世富奉令镇守福建建宁，于长门、金牌修筑炮台，七月五日，法国装甲巡洋舰驶入马江，向长门、金牌炮台炮击，虽清廷有令勿轻起衅，

马江海战

违者虽胜亦斩，但张世富毅然下令重创法国装甲巡洋舰，"马江海战"告捷。调任松江提督，赐达寿巴图鲁。《中法条约》签订后，十一年（1885），因"马江海战"违抗禁令开炮，遭弹劾，廷议未决，愤而卒，颁诏加恩谥刚勇公，授振威将军。

> **知识链接** **国破山河在，保家亦卫国：项崇周**（1856—1914）云南安平厅麻栗坡野猪塘人，抗法民族英雄。道光二十三年（1843），法国强占云南安平厅猛洞74平方公里中国领土。光绪十一年（1885）秋，项崇周组织苗民武装进行抗法斗争，给入侵云南边境的法国殖民主义者以沉重打击，法国代表要求与项崇周停战和谈。十二年（1886），双方派出代表，在云南安平厅赌咒河进行停战谈判。结果法国同意放弃侵占的中国领土，双方划定疆界，立界碑72道。法国武装入侵失败后，除了偷移界碑外，又企图通过金钱收买的办法来实现侵略目的，均告失败。二十一年（1895）初，项崇周把从法国侵略者手中夺回的猛洞归献给清政府。清政府封项崇周为边防团练营管带，负责麻栗坡、马关、河口国境线的边防，并将猛洞命名为"归仁里"，赐项崇周世袭衣禄。三十四年（1908），清廷赐项崇周"苗中之豪杰，边防如铁桶"锦旗。民国三年（1914）病逝。

田兴恕（1836—1877），字忠善，湖广凤凰厅麻冲人。清咸丰二年（1852）投军，六年（1856）升总兵，赐号"尚勇巴图

> **知识链接** **杀洋人，灭洋教：吴朝俊（1825—1907）** 又名吴人杰，贵州都匀府内外套人，反洋教抗法斗争领袖。第二次鸦片战争后，法国天主教传教士谭尚礼渗入黔南苗族地区传教，传教士为所欲为，欺压苗民。光绪三十一年（1905），吴朝俊以"杀洋人，灭洋教"为口号率黔南苗民起义，捣毁教堂。三十二年（1906），贵州巡抚庞鸿派官兵镇压，吴朝俊被诱捕就义。

鲁"。十年（1860），提升为贵州提督，并诏授钦差大臣。十一年（1861），兼任贵州巡抚。因民众与法国天主教修士发生冲突，遭到洋人的无理谩骂和驱赶，田兴恕下令逮捕了四名修士，传教士胡缚理向法国公使馆告急，法国公使馆以违反《天津条约》恫吓清廷，田兴恕密令处斩修士，史称"青岩教案"。十二年（1862）开州百姓举行祭龙活动，天主教传教士文乃尔出面干涉，骄横取缔中国民间传统习俗。田兴恕下令将文乃尔当众斩首，史称"开州教案"。法国公使照会清廷要求将田兴恕处死，清廷慑于洋人的淫威，将田兴恕革职查办，发配新疆，过甘肃时，为陕甘总督左宗棠所用，屡立奇功。同治十年（1871），回凤凰。光绪十二年（1886）病逝。

民族兴衰，教育为先：民族教育先行者

吴自发（1834—1886），号诚斋，湖广凤凰厅吉信人。清同治元年（1862），乡试中举，随贵州提督田兴恕任职。五年（1866），因军功受任镇远知府，六年（1867）升贵东兵备道员，招抚流民，兴修水利，复兴农垦，植树造林，修葺书院。十一年（1872）建三潭书院，培养出举人8人，秀才30余人，同时，号召苗民移风易俗，革除椎牛祭祖活动。光绪十二年（1886）病逝。清廷加布政使衔，钦赐花翎，诰封光禄大夫，追赐内阁大学士。

> **知识链接** **仿汉字苗文创始人：石板塘（1863—1928）** 又名皇玺豹，湖广永绥厅板塘人。光绪三年（1877）童试中举，受聘坐馆授徒。二十九年（1903），因丧父误省试，他无心求取功名，便出外讲学，广泛接触基层，与苗民歌手交往甚密，编写苗歌，以弘扬民族文化。曾将《十三经》、二十四史、《西游记》《水浒传》《三国演义》《封神榜》等的故事编成苗歌。为发扬苗族文化，仿照汉字造字法，他创造了一套比较完整的苗族文字，称"板塘苗文"。首开苗族文字史记录。

龙骥（1859—1936），字云生，湖广凤凰厅得胜营人。光绪十一年（1885）乡试中举，予知县不就，决心为苗民培育人才办栖山书院，主张民族平等，遂开辟苗汉交易集市，促进民族关系和解。栖山书院开始只教四书五经，辛亥革命后，增设国文、算术、体操课，要求学生平时种菜，农忙回家劳动，改变读书人四体不勤、五谷不分的习气。龙骥是对苗民学生进行现代学校教育的第一人。1936年病逝。

杨雅各（1882—1946），清贵州威宁州石门坎雨撒湾人。光绪三十年（1904），到昭通找到英国传教士柏格理，并成为柏格理的苗语老师。与柏格理、李司提反等共同创制了苗文，称"柏格里苗文"。随柏格理在黔西北、滇东北苗族地区传教，对《马可福音》进行翻译与校对。他通过各种渠道取得教会资助，选送苗族学生到四川读中学、大学。1916年，他翻译的《马可福音》《马太福音》付梓印刷。1942年回家务农。1945年病故。

> **知识链接** 教会学校培养的教育工作者：**朱焕章**（1903—1955） 贵州威宁人。1931年入华西大学教育系，期间组织编写《滇黔苗民夜读课本》；1935年后回到石门坎从事苗族教育。1939年，到云南昭通教会学校明城中学任教导主任。1943年，创办西南边疆私立石门坎初级中学，并任校长。1954年，奉调贵州省教育厅任职。因政治压力，1955年12月12日自缢身故。1981年平反昭雪。

革命尚未成功，同志仍须努力：辛亥革命先驱

王宪章（1888—1914），原名王应贤，贵州安龙县普坪人。1906年入湖北新军工兵营，秘密组织"将校研究团"。1911年1月"将校研究团"并入"文学社"，任文学社副社长。9月24日，文学社与"共进会"联合成立统一的领导机构，蒋翊武为总指挥，王宪章为副总指挥，孙武为参谋长，策谋武昌起义。1911年10月10日晚，湖北新军第八镇工程第八营发动武昌起义，11日上午义军控制武昌时，王宪章急赶汉阳指挥起义，12日义军占领汉阳，王宪章任总指挥兼标统。清朝启用袁世凯为湖广总督，镇压辛亥革命。1913年，孙中山发动"二次革命"，王宪章任江北讨袁军总司令，与黄兴共守南京。9月1日南京陷落，王宪章经沪

王宪章

转赴日本，协助孙中山策划革命活动。1914年2月孙中山先生派王宪章等人回国活动。王宪章在上海组织"铁血团"被俘，1914年12月19日被秘密杀害。

吴传身（1873—1913） 贵州麻哈人，同盟会会员。留法后入云南新军，受业云南讲武堂，参加"重九起义"。1913年，随滇军入黔，任护国军右翼东路第三支队长兼前锋，率部攻占要塞洪江，又受命驰攻芷江，战死。民国政府追认其为陆军上将都督衔。

> **知识链接** **湘西光复功臣：唐力臣（1874—1936）** 又名唐世钧，清湖广凤凰厅长宜哨人。光绪三十年（1904）于昆明入哥老会。宣统三年（1911），与田应全、田应诏组织光复军，光复凤凰。民国元年（1912）成立湘西临时军政分府。六年（1917）任护法联军湖南第一军第三梯团团长。十五年（1926）北伐，任国民革命军第十军独立旅旅长、徐州警备司令。民国十七年（1928）回湘西任湘黔边防游击司令。二十三年（1934）因年老多病，辞职回乡闲居，二十五年（1936）忧郁自杀。

田应全（1876—1917），号筱山，清湖广凤凰镇筸人。1903年东渡日本留学，肄业宏文学校师范科，加入同盟会。1905年底因抗议日本政府《取缔清、韩留日学生规则》，愤而回国，随赵尔巽任川边大臣一等随员，后调成都充任兵工厂提调之职。1910年卸职回凤凰，结识唐世钧（唐力臣），歃血誓盟，共力所事。1911年10月武昌起义爆发，田应全、唐世钧、田应诏及时起义，凤凰光复，建立"湘西临时军政分府"，田应全任外交部长，后任巡防军管带。中华革命党建立后，办理湘西党务。1917年病逝。

田应诏（1876—1932），号凤丹，清湖广凤凰镇筸人。1903年入湖南武备学堂将弁班。1904年入日本士官学校第四期。1905年加入中国同盟会。1908年7月任四川总督赵尔巽帮办的陆军小学及陆军速成学堂总办，后任清军第九镇统制第三十四标第三营管带。1911年辛亥革命爆发，与田应全、唐世钧及时起义光复湘西。1912年，中华民国北京政府授田应诏陆军少将。袁世凯称帝后，田应诏宣布湘西独立，反袁世凯复辟帝制，并任湘西护国军总司令，与北洋军阀作战。1917年，孙中山宣布护法，田应诏出兵响应，任湘西靖国军第一军军长。1919年3月24日，中华民国广州军政府授予田应诏陆军中将。1920年冬赋闲，直至1932年1月28日病逝。

励精图治终成空：北洋政府要员

熊希龄（1870—1937），字秉三，清湖广凤凰厅镇筸人。光绪十二年（1886）乡试中举，十五年（1889）中进士，十七年（1891）殿试，选为翰林院庶吉士。因反对清廷与日本签订《马关条约》被革职回籍。二十三年（1897），与谭嗣同、梁启超、唐才常等组织"南学会"，创办《湘报》，积极开展变法运动。二十四年（1898），戊戌变法失败，清廷搜捕维新党人，熊希龄受惩处，匿迹衡阳、沅州。管束解除后，赴日本考察教育。1911年10月回到上海。辛亥革命后，拥戴共和，先后参加统一党、共和党、进步党。1912年3月，袁世凯任民国总统，熊希龄历任财政总长、热河都统。1913年8月，熊希龄任北洋政府内阁总理，主张经济兴国，因观点与袁世凯相左，1914年2月辞职；3月任参政全国石油矿督办。1917年，京津水灾，熊希龄募捐救济贫民，收养受灾弃儿，设北京慈幼局。1918年，将香山静园改为慈幼院，并掌管院务长达20年，此间，任中华教育改进社董事长及世界红十字会中华总会长。抗日战争爆发，由北平到上海，负责战地救护工作。上海沦陷后，欲取道香港以返内地，1937年12月病逝于香港。著有《香山集》《熊希龄诗文集》。

周秋光著：《熊希龄传》

石辉玉（1861—1937），字金山，湖广乾州厅树耳人。光绪十一年（1885）入行伍。洋务运动期间，清政府招收现役军人去日本留学，学习军事，他受招入日本陆军帝国大学。后留校任教，曹锟、段祺瑞皆其学生。1923年10月，曹锟为北洋政府总统，聘其为军事顾问，又委治军。1923年1月26日授陆军少将，率部坐镇潼关，以统领陕甘。1937年病逝。

廖名缙（1875—1935），字笏堂，清湖广泸溪人。光绪二十三年（1897）丁酉乡试拔贡。后赴日本速成师范学校。归国，曾任浏阳县教谕、湖南新军统领、江西常备军统领、湖南武陵道尹、四川永宁道尹。主张君主立宪。民国建立后，为国会议员，常驻北京，为北洋军阀效力。1921年，任北京香山慈幼院副院长。解职回湘后,投身教育,曾任湖南政法学堂、工业专门学校校长、监督及总教习。晚年居北京,笃信佛教,任流寓北京第九世班禅额尔德尼秘书长。著有《百槲溪堂文集》《百槲溪堂诗集》《西山枕石集》《秋湖集》《香山游览吟》《五台山游记》及日文军事译作数种。1935年病逝。

为正义而战:国民革命军抗日将领

龙矫(1899—1950),清湖广永绥人。1923年入黄埔军校。1937年8月,张治中任湖南省政府主席,调处湘西苗民革屯起义善后事宜,龙矫参加解决废屯升科问题的讨论,后决议废屯,消除了苗民百余年备受剥削、压迫的屯田制度。1939年2月,湘西苗民革屯起义武装改编为新六军,薛岳兼军长,龙矫任旅长,开赴抗日前线,参加三次长沙会战和江西赣东会战。1942年,任暂六师副师长,参加鄂西、常德、衡桂战役。1945年7月,任沅陵第四集训处参谋长,8月日本投降,调军委会任高级参谋、副师长、九十六军二一一师师长、七十三军副军长。1949年,入益都高级军官团受训,不久,回到永绥,任县长。1949年,中国人民解放军解放永绥,龙矫即办理移交手续,经推荐任永绥支前委员会副主任委员,为支援解放大军入川做出重大贡献。1950年,龙矫在沅陵学习,被误杀。1985年昭雪。

吴光烈(1902—1943),字城斋,湖南凤凰县阿拉营野牛山人。曾入贵州崇武学校,供职湘西巡防军。1931年,任国民革命军新编陆军三十四师卫士大队中队长,1932年升为一旅二团二营营长。1936年,随顾家齐一二八师开赴宁波抗日前线,1937年11月,在嘉善与日军血战。1938年,任一二八师三八四旅七六七团团长,7月,被解职回沅陵。1938年11月,陈渠珍组建地方抗日武装"湘西特务大队",吴光烈任大队长。1939年5月,任暂五师三团团长,于湖北长江南岸抗阻日军。1941年10月,参加襄西战役。1941年12月,参加第三次长沙会战。1943年10月,因亲共抗日反蒋被捕,11月以"通共叛国"罪处死。

欧百川(1894—1970),字学海,又名廷芳,贵州松桃盘信柳埔人。1926年夏,率部编入贺龙的国民革命军第九军第一师,任团长,随贺龙北伐。1927年,贺龙任二十军军长,欧百川为第一师副

▲

龙矫

师长兼团长，参加八一南昌起义。后任前敌司令，随贺龙、叶挺进军广东，与贺龙失去联系后，投国民革命军独立师罗启疆部，任参谋长。1934年，罗启疆部"追剿"贺龙的红三军团，欧百川极力主张与贺龙言和。1937年，任国民革命军七〇二团团长，参加抗日。1939年夏，任八十二师副师长，参加两次长沙会战。1950年，经贺龙推荐，任贵州省民族事务委员会副主任。1951年后，任贵州省人民政府委员会委员、中央民族事务委员会委员。1953年，任贵州省副省长。1954年，为第一届全国人民代表大会代表。1957年被错划为"右派"。1970年9月1日在贵阳病逝。

梁聚五（1892—1977），贵州雷山西江乌嘎人。1914年入湖南大学，1915年转入贵阳陆军测量学校，后任靖国军第八军第二混成旅参谋。1936年，当选贵州省参议员，1939年加入中国国民党。1940年印缅远征军第六军奉命从兴仁开赴缅甸抗日，梁聚五任军政治部主任，参加远征，写成《缅甸征尘》。1941年，回国。1942年，"黔南事变"发生后，任黔南抗日督导员，深入黔东南各地进行抗日督导和善后工作。1946年，加入中国民主同盟会，接受中国共产党领导。1949年12月30日，以苗族民主人士身份参加贵州省人民政府成立大会，1950年作为特邀代表列席全国政协一届二次会议。1977年12月在成都病逝。

至死不渝：人民军队将领

朱早观（1903—1955），湖南凤凰镇筸人。1918年，赴黔滇参加护国、护法运动，入贵州讲武堂。1920年，由云南经越南、香港到广州投身国民革命，加入国民党并在粤军第二师任参谋。1922年，入湖南陆军讲武堂学习，与彭德怀交往甚密。1924年，孙中山改组国民党，朱早观先后担任大元帅府军政部讲武堂教官、攻鄂军总司令部副官主任、东征军三纵队主任参谋、国民革命军第六军干部团团长、中央独立三师旅长、师参谋长。1927年，参加南昌起义后，退出国民党，回湘西陈渠珍部任职。1937年，受彭德怀函召，赴延安，任八路军总部高级参议兼总部随营干部学校军事教员。1938年3月，加入中国共产党。1939年，任太行区十八集团军干部教育科副科长。1940年，任十八集团军总部副官处长兼干部训练大队长。1944年，任八路军南下支队参谋长，协助王震指挥南下征战。1945年3月，成立湘鄂赣边军区，任军区参谋长等职；10月，成立中原军区，任军区参谋长等职。1946年，任陕甘宁晋绥联防军区参谋长、西北军区副参谋长。1949年6月，以苗族代表身份参加中国人民政治协商会议筹备委员会，并当选政协第一届全国委员会委员；10月，任中国人民解放军总部第五局局长。1950年1月，任中央军委办公厅副主任。1954年11月，任国防部办公厅副主任。1955年病逝。

滕代远将军

滕代远（1904—1974），湖南麻阳人。1925年10月，加入中国共产党。1926年后，历任共青团平江县委书记、湖南省农民协会委员长、中共湘东特委书记兼醴陵县委书记、湘鄂赣边特委书记。1928年7月，与彭德怀、黄公略等领导平江起义；12月，与彭德怀率部到达井冈山与朱毛会师。1930年后，历任红三军团政治委员、红一方面军副总政治委员、中央军委武装动员部部长，参加历次反"围剿"斗争。1934年7月，赴苏联出席共产国际第七次代表大会，后入苏联红军陆军大学、列宁学院学习。1937年春，回到新疆迪化，与陈云组织接应西路军余部。抗日战争全面爆发后，主持八路军新疆办事处。1938年1月，任中央军委参谋长，参与组织、领导敌后抗日游击战，指挥晋西北反击国民党顽固派军队的进攻，巩固和发展了晋西北抗日根据地。1940年5月调任抗日军政大学副校长。1942年8月，任八路军前方总指挥部参谋长，参与指挥反击日军的"扫荡"与"蚕食"。抗日战争胜利后，任晋冀鲁豫军区副司令员，参与指挥上党、邯郸战役。1945年12月，往重庆、南京，协助周恩来与国民党代表进行谈判。1947年，刘邓大军挺进大别山后，参与指挥晋冀鲁豫军区在内线进行反攻作战，领导人民武装建设，指导军工生产。1948年5月，任华北军区副司令员；11月，任中央军委铁道部部长兼铁道兵团司令员、政治委员。1950年，任铁道部部长。曾任第四届全国政协副主席。1974年12月1日病逝。

爱家亦爱国：开明绅士

龙凤翔（1862—1945），字岐山，号端敏，湖广凤凰厅廖家桥人。光绪六年（1880）中秀才，赋闲。为防匪患，组织48苗寨恢复"合款"，维护地方治安。三十年（1904），集资兴修水利工程，苗民得益。1911年，积极响应武昌起义，资助唐力臣光复凤凰。护国军兴，又资助护国运动。抗日战争时期，积极宣传抗日救亡，捐资救助难民。1945年病故。

修承浩（1875—1953），字翰青，清湖广沅陵人。光绪二十二年（1896）中秀才，二十八年（1902）长沙乡试中壬寅科举，入京会试不第。三十年（1904）与蔡锷结为金兰，参加同盟会。辛亥革命后，为云南省都督府秘书长，创办云南讲武堂。蔡锷病故后，修承浩回归故里。1926年，贺龙北伐经沅陵与修承浩交往甚密。1927年5月26日，沅陵国民党驻军搜捕共产党人，修承浩设法营救革命同志和妇女会成员。1929年，沅陵县纂修县志，修承浩修纂《沅陵县志》（35卷）。1949年，亲自送两个孙子参加中国人民解放军和中国人民志愿军。1950年10月，应邀出席湖南省首届各界人民代表会议，共商根除湘西匪患、鸦片、娼妓、赌博事宜。曾任湖南省政协常委。1953年病逝。

海归与本土：医药学与物理学学者

雷兴翰（1904—1989），湖南麻阳高坪人。药学家。1930年，清华大学化学系毕业，留校任教，1935年，赴美国威斯康星大学药学院深造，先后获硕士、博士学位。1939年回国，在重庆药学专科学校和重庆大学任教授，并兼任重庆协和制药厂厂长。中华人民共和国成立后，任华东人民制药公司化学制药一厂厂长兼总工程师，积极研制和生产葡萄糖酸锑钠、磺胺噻唑。1955年，参与筹建上海医药工业研究院，先后任该院化学合成药物研究室主任、副院长。1956年，提出并开展抗肿瘤、激素、半合成抗生

雷兴翰

素、心血管等药物的研制。1961年，成功研制出血防新药丙胺。1989年在上海病逝。

王子佑（1906—1987），湖南麻阳人。钢铁学家。曾入北洋大学。1936年赴美留学。1938年回国，任教于湖南大学，并对炼汞技术、炼汞炉进行改进。1949年，长沙解放，以民主人士的身份参加湖南大学校务接管委员会，协助接管湖南大学。1950年1月，调鞍钢工作，任总工程师兼技术处技术监督室主任，后任副处长，为中国钢铁事业的发展做出了重大贡献。1983年，翻译了苏联诺维可夫著的《金属热处理理论》。1987年病逝。

龙咸灵（1911—1993），贵州锦屏茅坪人。电磁物理学家。1935年，入武汉大学物理系。1940年，留校任教。1946年，参与创建武汉大学游离层实验室。1948年，对电离层分层结构的研究获新进展，受世界注目。1952年，加入中国民主同盟。1954年，加入中国共产党。1958年，兼任中国科学院武汉分院高空物理研究所所长。1960年，主持创建了中国第一个电离层返回斜向探测站。1965年，提出利用电离层返回斜向探测和电离层斜向探测研究中国核爆炸电磁效应和通信效应的方法。"文化大革命"初期，受到打击和迫害。1976年底，参加组建武汉大学空间物理系。龙咸灵的科研成果对国防工业建设有重要意义。1993年3月病逝。

> **知识链接** **天体物理学家：田渠（1900—1957）** 湖南麻阳锦和人。天体物理学家。曾就读于北京中法大学，后入法国里昂大学攻读天文，获天文学博士学位。1938年回国，先后在云南大学科学馆、西南联大、贵州大学、湖南大学物理系任教授。著有《狭义相对论》。1950年，由湖南大学调任华北重工业学院物理学教授。1954—1957年，任西北工业大学物理系教授。1957年病逝于北京。

张超伦，1918年出生，贵州威宁石门坎人。由英国基督教循道公会供学费，1936年入华西协和大学医科。1944年，获医学博士学位，回石门坎协助西南边疆私立石门坎初级中学校长朱焕章工作。1945年任昭通福滇医院任医师，并兼任石门坎麻风病院的诊治任务。1947年到贵阳工作。1949年加入中国民主同盟。1950年7月应邀出席在北京举行的第一届全国卫生会议。1951年投入贵州省医疗卫生领导工作。1951年3月任贵州省卫生厅厅长。"文化大革命"期间，受到极大冲击。1978年2月当选第五届全国政协委员并出席第一次全国委员会会议。1981—1997年，任贵州省政协第四至七届专职副主席。

◀ 张超伦

> **知识链接** 教会学校培养的医学博士：吴性纯（1898—1979）字静修，号成斋，贵州威宁石门苏科寨人。医学博士。1911年入石门坎教会小学，1917年入云南省昭通基督教循道公会宣道中学，1920年入华西协和大学医学院，1929年获医学博士学位。1929—1933年，当乡村医生。1930年创办石门坎平民医院，兼任教会学校石门坎光华小学校长。1933—1941年，任云南昭通福滇医院医师。1940年，参与筹建西南边疆私立石门初级中学。1941—1949年，先后在昭通怀远街、云新街租房开设"建华医药房"。1950年，重返昭通福滇医院，任内科主治医师。1951年，云南和平解放，任昭通地区医院内科主治医师。1951—1953年，兼任昭通护士学校校长。1965年，病休。1979年8月19日病逝。

乡土民族志的开拓：民族学学者

石启贵（1896—1959），字霖苏，号子荣，湖南乾州仙镇营人。1926年，开始调查、搜集苗族文化资料，引进先进生产技术，探索苗族发展强大之路。1933年5月，"中央研究院"凌纯声、芮逸夫到湘西苗区调查，石启贵应邀协助工作。1933年8月，凌纯声、芮逸夫离开湘西，委托石启贵继续调查并聘为"中央研究院"湘西苗族补充调查员，经历数年，完成苗族口碑《吃牛大全》《吃猪》《接龙大全》等大量民族学资料收集。1940—1946年，先后编成《湘西土著民族考察报告书》《湖南土著民族风土纪实》《苗医验方》《龙廷九武术秘传》等书稿。1946年11月，以湖南土著民族代表身份参加在南京召开的国民代表大会。20世纪50年代，受政治运动迫害，但仍编写了

◀ 石启贵著：《民国时期湘西苗族调查实录》

第七章　苗族的历史人物：江山代有才人出　209

知识链接 **教会学校培养的民族学学者：杨汉先（1913—1998）** 贵州威宁石门坎雨散湾人。1938年，华西协和大学社会学兼教育学专业毕业。1939年，在贵州方言讲习所任教。1940年2月，受聘贵阳大夏大学社会研究部从事苗夷社会研究。1941年4月，受聘到华西协和大学中国文化研究所。1942年8月，受聘四川省博物馆，从事川黔滇地区苗夷历史文物的搜集和研究。1946年5月，受聘贵州大学文科研究所，从事黔西苗族研究。1950年，历任贵阳师范学院讲师、贵州省人民政府委员、贵州省民族事务委员会副主任。1951年5月，筹建贵州民族学院。1955年，任贵州民族学院院长。1959年，任贵州大学副校长。1960年，兼任贵州省民族研究所所长。1963—1978年，任第三至五届贵州省政协副主席。1998年10月病逝。著有《苗族述略》《大花苗歌谣种类》《大花苗名称来源》《大花苗的氏族》《贵州省威宁县苗族古史传说》《基督教在滇黔川交境一带苗族地区史略》等民族学论著。

《湘西兄弟民族介绍》《苗族歌韵大全》《解放民歌集》《跃进水库诗歌集》等书稿。1959年病故。石启贵的著述颇丰，1986年，出版遗稿《湘西苗族实地调查报告》，2010年又出版遗稿《湘西苗族调查实录》（八卷十册）。

人情世故皆文章：乡土作家与军旅作家

沈从文（1902—1988），原名沈岳焕，湖南凤凰镇筸人。乡土作家。曾服务于地方旧军队。1923年到北京从事文学写作。1926年参编《京报副刊》《民众文艺》。1927年任教于上海吴淞中国公学。1928年参编《红黑》并入新月社。1930年任教于青岛大学。1934年主编北平《大公报》副刊《文艺》。1935年主编天津《大公报》副刊、《益世报》副刊。抗战期间，任教于西南联大。抗战胜利后，任北京大学教授。沈从文是多产作家，著有《阿丽思中国游记》《神巫之爱》《月下小景》《湘行散记》《边城》《长河》等等，作品内容广泛，有表现少数民族风情的，有描写土著军队生活的，有刻画备受残害的农民形象的，有抨击虚伪丑恶的城市绅士和知识阶层的。1957年后，主要从事古代文物、文化的研究。著有《唐宋铜镜》《龙

▲

沈从文著：
《中国古代服饰研究》书影

沈从文 ▶

凤艺术》《中国古代服饰研究》等。

　　陈靖（1918—2002），贵州瓮安人。军旅作家。1934年9月参加贺龙、任弼时率领的红二、六军团并长征。曾在红二、四方面军剧社从事宣传、音乐、舞蹈工作。抗日战争时期，在中央机关人民剧社从事戏剧工作，历任指导员、教导员、文工团长、摄影科长、宣传科长、主任、政委。解放战争时期，任炮兵师、旅政治部主任及特种兵政治部主任。1950年后，在防空军、空军学校及某部任政治部主任。著有《红军不怕远征难》《金沙江畔》《马背上的小红军》《猎鹰记》《贺龙毕生纪略》《贺龙前传》《枪剑风云录》《原子时代》《重走长征路书简集》《重走长征路集叶》等作品。2002年病逝。

> **知识链接** **剧作家：舒大桢（1900—1985）** 化名苏怡。湖南麻阳县锦和人。1922年就读于北京大学。1923年加入中国共产党。1927年积极援救被捕中共党员。后南下广州任黄埔军校第一团政治部指导员。蒋介石叛变革命后，舒大桢从事进步文学创作。1938年参加宋庆龄、何香凝在香港发起的中国福利会，负责香港妇女慰问抗战军人募捐筹款游艺会组织领导工作。并编写电影剧本《大义灭亲》《傀儡美人》等，号召人民抗日，反对卖国投降。1940年受聘于中国电影制片厂，导演《青年中国》《游击队员之歌》《日出》《黄金万两》等，宣传抗日救亡。1949年8月，赴北京参加全国第一届文学艺术工作者代表大会。1952年1月回广州定居。1985年4月10日病故。

参考文献

1. 《苗族简史》编写组,《苗族简史》修订本编写组. 苗族简史（修订本）. 北京: 民族出版社, 2008
2. 《民族问题五种丛书》云南省编辑委员会. 云南苗族瑶族社会历史调查. 昆明: 云南民族出版社, 1981
3. 贵州省编辑组. 苗族社会历史调查. 贵阳: 贵州民族出版社, 1987
4. 何积全. 苗族文化研究. 贵阳: 贵州人民出版社, 1999
5. 李廷贵, 张山, 周光大. 苗族历史与文化. 北京: 中央民族大学出版社, 1996
6. 石莉芸, 李云兵. 中国少数民族风情游丛书·苗族. 北京: 中国水利水电出版社, 2004
7. 民族文化宫. 中国苗族服饰. 北京: 民族出版社, 1985
8. 石朝江. 中国苗学. 贵阳: 贵州人民出版社, 1999
9. 石启贵. 湘西苗族实地调查报告, 长沙: 湖南人民出版社, 2008
10. 吴荣臻. 苗族通史. 北京: 民族出版社, 2007
11. 伍新福. 中国苗族通史. 贵阳: 贵州民族出版社, 1999
12. 伍新福. 苗族文化史. 成都: 四川民族出版社, 2000
13. 伍新福, 龙伯亚. 苗族史. 成都: 四川民族出版社, 1992
14. 杨正文. 苗族服饰文化. 贵阳: 贵州民族出版社, 1998

图片提供者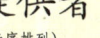

（按姓氏音序排列）

"苗族非物质文化遗产佳能数字化保护"项目组	歇海	金凤展翅	第139页	第100页
	第113页（下）	第21页（下）	卢秀丽	第102页
第29页	鬼谷神算	金晓雯	第115页	第128页
Amwayly	第20页	第125页（上）	罗大星	第132页（上、中、下）
第193页	第198页	九万大山	第52页	第133页
GZGYZL	海尔熊	第135页（上）	罗洪印	第144页（上、下）
第116页（上）	第152~153页	拒绝融化的冰	第108页	第145页（上）
Jinghe	何昌华	第16页	罗金荣	第154页
第11页	第126页	兰诺	第51页（下）	第155页
Mini天使	红河奔牛	第185页	第177页（上）	第158页（上、下）
第173页	第134页	老卯	马莉萍	第159页（上、下）
Vincent	红梅	第89页	第141页（下）	第163页
第119页	第57页（上）	老闵	曼玲	第166页
Wimisroom	侯格格	第67页（下）	第142页（上）	第169页（上、下）
第49页（上）	第121页	老头	米丽亚	第170页
Zzyy	侯健	第18页（上）	第71页（下）	第171页（上）
第123页（下）	第70页	老赵	苗儿飞翔	第179页（中）
第130页	侯星颖	第47页（下）	第51页（上）	第187页
敖德金	第26页	李春惠	苗人山鬼	第197页（中、下）
第171页（下）	湖南非物质文化遗产网络展示交易馆	第109页	第10页（上）	第201页
巴拉河		李晶瑶	第14页	第203页
第34页	第186页	第103页	第17页（上、下）	第204页
采摄石头	户外异途	李素芳	第24页（上、下）	第206页
第148页	第48页	第88页（上）	第27页	第207页
蔡晓云	花子	李维刚	第35页	第209页（下）
第12页	第28页	第122页	第40页（上、下）	第210页（上）
第13页	黄庆松	李显波	第41页（上）	民族文化宫
长山乐乐	第176页	第47页（上）	第42页（中）	第44页（上）
第10页（下）	黄锐	李雪	第45页	第49页（下）
朝江	第135页	第30页	第57页（中、下）	第180页
第25页	黄晓海	流浪的花狸猫	第59页（上、下）	明月影
陈沛亮	第150页	第42页（上）	第60页（上、下）	第53页（上）
第120页	第172页	第106页	第63页	逆流寻根
纯真爱人	姜恩宇	流浪的家园	第64页	第147页（上）
第140页	第55页（上）	第131页（下）	第66页	欧阳昌佩
点点	姜利军	柳枝	第67页（上）	第54页（上）
第44页（下）	第86页	第41页（下）	第69页	欧阳旭日
独行客	姜思毅	龙德	第71页（上）	第114页
第177页（下）	第22页	第123页（上）	第74页	潘文帅
多蒙掌	蒋滨建	龙氏一族	第78页	第92页
第142页（下）	第199页	第197页（上）	第84页	第94页
		卢庆文	第88页（下）	潘学文
		第53页（下）	第99页	第146页

彭邦卿	舒文钧	文林	熊英	张丹
第 96 页	第 113 页（上）	第 147 页（下）	第 46 页（上）	第 145 页（下）
彭年	四海为家	吴国春	许之丰	张泽坤
第 61 页	第 149 页	第 127 页	第 189 页	第 174 页
第 112 页	苏康	吴杰	寻梦者	章尧
第 117 页	第 54 页（下）	第 43 页	第 58 页（下）	第 181 页
瀑布的眼泪	孙亚光	吴如雄	杨昌焕	赵汀
第 55 页（下）	第 85 页	第 116 页（下）	第 72 页	第 129 页
乔启明	唐吉柯德	吴心源	杨娄岛蒙蚩尤	至少还有你
第 50 页（下）	第 105 页	第 182 页（上）	第 50 页（上）	第 164 页
第 125 页（下）	天一	吴兴权	杨胜林	周二马
秦刚	第 90 页	第 118 页	第 15 页	第 58 页（上）
第 190 页（上、下）	王娟	悟尽人生	杨永华	周立民
秋缘	第 192 页	第 62 页	第 91 页	第 210 页（下）
第 151 页	王立信	小弟弟	第 95 页	朱群慧
若雪	第 141 页（上）	第 188 页	第 138 页	第 209 页
第 18 页（下）	王启征	小武哥	杨正	追根溯源
三苗	第 166 页（上）	第 179 页（下）	第 143 页	第 93 页
第 178 页	王小梅	心飞扬	殷洁	紫夏
施锦泉	第 175 页（下）	第 104 页	第 179 页（上）	第 191 页
第 83 页	王雅轩	心语	友多	醉湘西
时宏平	第 19 页	第 56 页	第 46 页（下）	第 175 页（上）
第 165 页	韦金成	第 97 页	藏瑛	
拾忆光年	第 76 页	新歌	第 75 页	
第 131 页（上）		第 42 页（下）		

后记

苗族人口虽然不到千万，但是居住于中国南方湖北、湖南、四川、贵州、云南、广西、重庆、海南等省、自治区、直辖市，由于历史的原因，苗族支系、语言、服饰、习俗、信仰等纷繁复杂，异彩纷呈；由于居住的环境不同，经济、社会、文化、教育、交通等参差不齐，差异较大；由于苗族无文字，苗族悠久的文化积淀只能从浩如烟海的汉文文献中探求、找寻。尽管我们用了很长的时间全心全力来完成这本书稿，但是，仍深感我们所写的也只是苗族文化的一小部分，苗族文化底蕴深厚，但我们的能力极其有限。

这本书由石莉芸、李云兵共同完成，既有分工，也有合作，最后由李云兵统稿。书中所用的照片，有一些是我们拍摄的，有一些是朋友们拍摄的。在此，我们要真诚感谢拍摄相关苗族照片的朋友，感谢他们为宣传苗族文化所做的贡献。书中的图片都标记了拍摄者或提供者或出处，尽管我们做了很大的努力，但是仍有一些图片不能确定拍摄者，只好暂时标记为"佚名"，当然有的照片也很有可能我们标记有误，果真如此的话，还请朋友们指出并谅解（邮箱：ybli@cass.org.cn,liyb@sina.com）。

书稿完成交由本书责任编辑李璜初编、初排后，因篇幅较大，字数超过出版社字数要求，我们对书稿进行了重新修改，删节了大量内容，形成现在的样子。

这本书即将出版之际，我们要感谢辽宁民族出版社的领导，感谢他们给我们机会编写这本书。要特别感谢李璜，她亲自约稿并督促我们完成书稿的编写，感谢她对这本书的精心编排，使图文搭配精当，使书稿大增亮色。再次感谢他们为弘扬民族文化所付出的心力。

我们认为这本书是具有一定的学术性、普及性和可阅读性的,尽管我们做了努力,但是我们的能力、水平有限,不足和错漏之处,皆由我们负责,并请广大苗族同胞和读者批评指正。

石莉芸 李云兵

2014年6月